Anke M. Leitzgen & Lisa Rienermann

Entdecke, was dir schmeckt

KINDER EROBERN DIE KÜCHE

Mitgekocht haben Thekla Ehling (Fotos),
Petra Stockhausen (Fotos) und Kathrin Sebastian (fachliche Beratung)

BELTZ
& Gelberg

INHALT

1 Warum schmeckt mir das?

Darum geht's: **Ur-Instinkte, die heute noch wirken. Design beim Essen, das die Sinne anspricht. Ideen zum Selbermachen.**

2 Wie kaufe ich schlau ein?

Darum geht's: **Wissenswertes für den Einkaufszettel**

3 Was gehört in die Küche?

Darum geht's: **Werkzeug und Vorrat mit denen das Essen schnell auf dem Tisch steht**

4 Was passiert beim Kochen?

Darum geht's: **Chemiewissen gegen Kochpannen**

5 Was mache ich damit?

Darum geht's: **Hokuspokus ... mit den gleichen Zutaten unterschiedliche Gerichte zaubern**

6 Was koche ich heute?

Darum geht's: **Rezepte, die gute Laune machen – erst beim Kochen, dann beim Essen**

7 Wie werde ich Küchenprofi?

Darum geht's: **Im kleinen Küchen-Abc gibt's praktische Hilfe**

Mein Erfolgsrezept

Hier gibt's eine Art Bedienungsanleitung für dieses Buch. Es lohnt sich, sie zu lesen. Versprochen!

Einkaufen >> Kochen gelingt nicht ohne ein paar gute Zutaten. Aber welche sollten tatsächlich im Haus sein? Und wie kann man beim Einkaufen die Umwelt schonen? In den *Kapiteln 2* und *3* findest du wichtige Tipps. Zum Beispiel, wie man einen guten Vorrat anlegt, um jederzeit etwas Leckeres brutzeln zu können.

Loslegen >> Falls du nicht lange lesen, sondern gleich loskochen und gleichzeitig alle wichtigen Tricks lernen möchtest, schlag *Kapitel 5* auf. Hier geht es um zwei Dinge: darum, dass man aus den gleichen Zutaten unterschiedliche Gerichte zaubern kann. Und: dass man dazu verschiedene Techniken draufhaben sollte. Eine Möhre schmeckt gedünstet und püriert nämlich ganz anders als in der Pfanne gebraten. Um dir die Arbeit besonders leicht zu machen, findest du zusätzlich im Küchen-Abc viele praktische Hinweise. Die beiden wichtigsten Tipps jedoch schon vorab: Lies immer erst das ganze Rezept. So verschaffst du dir einen Überblick über alles, was zu tun ist. Genauso wichtig: Überall dort, wo *„superheiß!"* auf der Seite steht, musst du dir unbedingt helfen lassen.

Mehr verstehen >> Kochen ist dann besonders einfach, wenn man weiß, was dabei passiert. Warum schmeckt Brot zum Beispiel anders, wenn es geröstet ist? Oder weshalb vermischen sich Öl und Essig nicht? Und wie trickst man diesen Effekt aus, um eine leckere Salatsoße hinzubekommen? Die passenden Antworten und Experimente zu diesen und anderen wichtigen Fragen findest du im Küchenlabor.

Mehr können >> Rezepte für etwas fortgeschrittene Köche, also solche, die schon mal ein Ei in die Pfanne gehauen haben, gibt es in *Kapitel 6*. Hier wird Schritt für Schritt erklärt, wie man zum Beispiel einen Schokoladenkuchen oder eine Pizza backt und Frikadellen brät. Ganz oben auf den linken Seiten findest du noch ein paar Hinweise, die dir wichtige Infos auf einen Blick geben:

--- Wie lange brauchst du für die Zubereitung? (Meist steht das Essen spätestens nach einer Stunde auf dem Tisch.)

--- Wie schwierig ist es? (= ganz einfach // = einfach, braucht etwas Geduld // = einfach, aber aufpassen!)

--- Was ist drin? Ober besser: Was ist nicht drin? Vegan bedeutet, es sind nur Pflanzen enthalten. Vegetarisch heißt, dass auch Milchprodukte und Eier verwendet werden. Und glutenfreie Rezepte sind ohne Weizen, Roggen, Dinkel und Hafer.

Alles retten >> Und wenn etwas daneben geht oder übrig bleibt? Macht nichts! Schlag ein Ei drüber!

Probier süß mit salzig.
Mix umami dazu.
Oder teste bitter mit sauer.
Was schmeckt am besten?
Und was geht gar nicht?

Mögen sich bitter und süß?

In diesem Experiment geht es darum, Geschmäcker miteinander zu mischen.
So geht's: Stell fünf große Gläser für fünf Geschmackslösungen bereit.
BITTER = 150 ml Saft einer frischen Grapefruit plus 100 ml Wasser.
SÜSS = 2 TL Zucker plus 250 ml Wasser.
SALZIG = 1 TL Salz plus 250 ml Wasser.
SAUER = 1 EL Essig (5%) in 250 ml Wasser.
UMAMI = vier große, sehr reife Tomaten im Mixer pürieren, Mus durch ein Sieb geben und die Flüssigkeit in einem Glas auffangen. Dann stell noch ein paar kleine Gläser und fünf Teelöffel (pro Lösung einen) bereit und der Mix-Spaß kann beginnen.

Die kleine Geschmacksschule

Süß, sauer, salzig, bitter, umami – wie und was du schmeckst, steht hier. Und warum Kinder besondere Feinschmecker sind, erfährst du auch.

Geschmackssache >> Was der eine mag, findet der andere noch lange nicht lecker. Das liegt daran, dass Schmecken und Riechen unsere persönlichsten Sinne sind und wir alle ein bisschen unterschiedlich empfinden. Sogar das Alter spielt dabei eine Rolle: Kinder haben viel sensiblere Geschmacksnerven als Erwachsene. Und das aus gutem Grund: Beim Schmecken ist der Genuss nämlich nur ein netter Nebeneffekt. Eigentlich geht es darum, dass man die Qualität der Nahrung prüft und herausfindet, was der Körper gerade braucht. Und wenn er etwas besonders dringend benötigt, dann meldet er sich mit …

Heißhunger >> Egal, ob du totale Lust auf ein Butterbrot mit Tomaten hast oder der Duft von frischen Erdbeeren dir das Wasser im Mund zusammenlaufen lässt: Dein Körper will dir damit etwas sagen. Mineralmangel erzeugt zum Beispiel Lust auf Salziges. Wenn Vitamine fehlen, ist die Lust auf Obst und Salat größer als sonst. Und weil Kinder noch wachsen, und das für den Körper eine besondere Herausforderung ist, schmecken sie besonders gut heraus, was ihrem Körper gut tut. Allerdings, und das muss man wissen, dieser Geschmacks-Check funktioniert nur bei natürlichen Nahrungsmitteln. Die Lust auf eine bestimmte Kaugummisorte zeigt dir leider nicht an, dass dein Körper genau davon besonders gesund und stark wird.

Umami & Co. >> Wenn du natürliche, frisch zubereitete Lebensmittel isst, kannst du dich dagegen ganz auf deinen Geschmack verlassen. Wie ein gut eingestelltes Navi im Auto den Weg anzeigt, so lotst dich dein Geschmack durch das große Angebot der Nahrungsmittel und findet für dich das Passende heraus. Anstelle der vier Himmelsrichtungen sorgen hier fünf Geschmacksrichtungen für Orientierung. Vier davon kennst du bestimmt: süß, sauer, salzig, bitter. Die Geschmacksrichtung umami wurde in Japan erst im letzten Jahrhundert entdeckt, hier ist sie noch ziemlich unbekannt. Zumindest kommt sie im täglichen Sprachgebrauch selten vor. Oder hast du schon mal jemanden sagen hören: „Uuuuuh, das ist mir aber zu umami!"? Aber den Geschmack kennst du trotzdem. Es ist das, was zum Beispiel die Fleischsaucen besonders lecker macht. Oder auch der würzige Teil im Tomatenmark, in Parmesan oder Brühe. Man übersetzt umami deshalb auch manchmal mit fleischig oder würzig.

Passt Zucker zu Tomate?

Und wenn ja, passt Zartbitterschokolade dann auch? Hier geht es darum, vertraute und ungewohnte Geschmackskombinationen auszuprobieren. So funktioniert's: Kombiniere Kartoffel, Tomate und Banane nach Lust und Laune mit den neun Geschmacksrichtungen aus der Mitte. Probiere dabei auch verrückte Dinge aus, wie Kartoffel mit etwas (geschmolzener) Schokolade und Salz und Pfeffer.

Kann man schmecken, ob jemand mit Liebe gekocht hat?

Knospen auf der Zunge >>
Fragt sich nur, woher wir wissen, wie etwas schmeckt. Die Antwort liegt auf der Zunge. Dort sitzen nämlich rund 10.000 Geschmacksknospen, die nur darauf warten, dass winzige Geschmacksteilchen vorbeikommen, auf die sie sofort reagieren können. Die Informationen geben sie unmittelbar ans Gehirn weiter, mit dem sie durch Nervenfäden verbunden sind. Doch egal, wie viele Geschmacksknospen es sind, sie können, wie gesagt, nur fünf grobe Geschmacksrichtungen unterscheiden. Die Feinarbeit beim Schmecken leistet die Nase. (Lies mehr dazu ab > *Seite 18.*)

Schmecken mit der Nase >> Welche Geschmacksrichtungen kennst du noch außer süß, sauer, bitter, salzig und umami? Denn sobald die Nase mitschmeckt, wird die Geschmacksvielfalt plötzlich riesengroß – aber wie gesagt, was man schmeckt, empfindet jeder ein bisschen anders. Wir Autorinnen und die Mädchen und Jungen, die die Rezepte in *Kapitel 6* gekocht haben, haben alle Gerichte durchprobiert und dabei natürlich auch ganz verschiedene Dinge herausgeschmeckt. Immerhin konnten wir uns auf diese Begriffe schließlich einigen: süß, sauer, fruchtig, frisch, holzig, grasig, blumig, erdig, fleischig, käsig, röstig, salzig, würzig, fettig, schwefelig, seifig und bitter. Was uns wie geschmeckt hat, kannst du in *Kapitel 6* immer oben rechts auf den Seiten ab > *Seite 101* nachlesen.

Geschmack trainieren >> Wenn du die Rezepte nachkochst, kannst du deinen Geschmack mit unserem vergleichen. Vielleicht kommst du zu ganz anderen Ergebnissen. Und tatsächlich spielt es auch keine große Rolle, ob einem zum Beispiel der Holundersirup (auf > *Seite 108)* eher fruchtig und süß oder doch eher sauer, blumig und süß vorkommt. Wirklich wichtig ist, dass du weißt, wie du ihn besonders lecker findest. Möchtest du ihn süßer (mehr Zucker), fruchtiger (mehr Zitrone) oder blumiger (mehr Holunderblüten)? Wenn du das weißt, kannst du jederzeit ein Rezept so verändern, dass es für dich perfekt wird. Auf der gegenüberliegenden Seite findest du dazu ein Geschmacksspiel, mit dem du ungewöhnliche Kombinationen ausprobieren und auch deine Vorstellungskraft trainieren kannst. („Wie schmeckt wohl Banane mit einer Prise Pfeffer? Und was passiert, wenn ich noch ein paar Tropfen Zitronensaft dazugebe?“) Wenn du solche Ideen im Kopf hast und ein bisschen damit herumspielst, bist du schon auf dem Weg, ein fantasievoller Koch zu werden!

Mach die Küche zum Spielplatz

Darf man mit dem Essen spielen? Kommt ganz darauf an! 22 Ideen zum Ausprobieren.

Schäle eine Kartoffel auf drei verschiedene Arten.

☐

Denke dir eine neue Salatsoße aus.

☐

Friere Olivenöl zu Eiswürfeln. Erst lutschen, dann in einer Gemüsesuppe schmelzen.

☐

Probiere mit einem Schnupfen dein Lieblingsessen und etwas, was du nicht gern magst.

☐

Lege ein Kunstwerk aus Obst und Gemüse. Iss es auf.

☐

Vergleiche den Geschmack von kaltem Eis mit geschmolzenem Eis.

☐

Esst zu zweit: Jeder füttert dabei den anderen.

☐

Lerne, dein Lieblingsessen zu kochen.

☐

Bereite einen Tee aus den Schalen eines ungespritzten Apfels zu.

☐

Sammle fünf gute und fünf schlechte Gerüche. Schreibe zwei Listen.

☐

Koche etwas Pilziges – ohne Pilze.

☐

Backe jemanden glücklich!

☐

Koche ein Gemüse, das unter der Erde wächst, mit einem, das über der Erde wächst.

☐

Fülle Vanillepudding in ein gespültes Mayonnaiseglas. Iss daraus in der Öffentlichkeit.

☐

Kaue ein Stück Brot so lange, bis es süß schmeckt.

☐

Frage deine Großeltern, was sie gern gegessen haben, als sie so alt waren wie du.

☐

Streue ein bisschen Salz auf deinen Nachtisch.

☐

Picknicke unter dem Esstisch.

☐

Probiere ein Gemüse, das du noch nie gegessen hast. Beschreibe genau, wie es schmeckt.

☐

Probiere die seltsamste Geschmackskombi, die du dir vorstellen kannst.

☐

Lade dich selbst zum Essen ein.

☐

Backe eine Muwrani-Pizza. Koche ein Mukrani-Püree. (Wir wissen auch nicht, was das ist …)

☐

WARUM schmeckt MIR DAS?

Vom Rindfleisch bis zum Kopfsalat, nichts von dem, was im Supermarkt landet, bleibt dem Zufall überlassen. Hier lernst du die Tricks der Nahrungsmittelindustrie kennen und kannst selbst ein bisschen mit dem Essen spielen.

Warum ist das Riechen für das Schmecken so wichtig?

Trick Nr. 1 >> DUFT!

Was lecker riecht, lädt zum Reinbeißen ein. Das gilt für eine duftende Erdbeere genauso wie für ein süßes Kaugummi. Kein Wunder, dass Süßigkeiten so intensiv duften, oder? Tipp für zu Hause: Mit einer angedünsteten Zwiebel lockst du alle in die Küche. Praktisch: Dann können sie gleich den Tisch decken!

Die Zunge kann den Geschmack einer Pflaume nicht von dem einer Nektarine unterscheiden. Zum Glück haben wir eine Nase!

Die menschliche Zunge erkennt süß, salzig, sauer, bitter und umami.
Das heißt, sie kann nur grobe Richtungen erschmecken. Dass wir trotzdem sehr feine Nuancen wahrnehmen, liegt an der Nase: Während des Essens strömen unaufhörlich Duftmoleküle vom Mund über die Rückseite des Rachens in die Nasenhöhle. Dort treffen sie auf Geruchsdetektoren, die wiederum mit dem Geschmackssinn auf der Zunge zusammenarbeiten. Und erst das Team Zunge und Nase erkennt dann endlos viele Geschmacksvariationen.

Ein kleiner Ausflug ins Gehirn:
Gerüche erkennt man auf Anhieb wieder. Das Gehirn meldet zum Beispiel sofort: „Oma ist da!", wenn einem ihr Parfum in die Nase weht. Oder: „Heute gibt's Apfelpfannkuchen!" Im Vergleich mit anderen Dingen, die man genauso im Kopf haben müsste, aber ständig vergisst, ist diese Merkleistung verblüffend. Und was ist der Grund? Gerüche werden im Gehirn anders abgespeichert als andere Informationen.

Gegen schlechte Gerüche hilft nur eines: Nase zuhalten.
Fast alle Sinneseindrücke müssen erst am sogenannten Thalamus vorbei. Diese Schaltstelle im Gehirn entscheidet, ob Informationen interessant genug sind, dass man sie überhaupt wahrnimmt. Viele sind zu langweilig, und deshalb kann man wunderbar etwas übersehen oder überhören – aber überriechen? Fehlanzeige! Beim Riechen landen die meisten Informationen nämlich ungefiltert im limbischen System. Dort werden im Gehirn neben den Gerüchen auch Gefühle gespeichert – und da sich schon mal beides am selben Platz befindet, wird es gleich miteinander verknüpft. Kein Wunder also, dass allein der Duft der Pizza im Ofen sofort ein bisschen glücklich macht.

Noch ein Tipp: Schmatz mal absichtlich beim Essen. Rein aus Forschungszwecken! Denn dadurch schmeckt das Essen intensiver, weil besonders viele Duftmoleküle in die Nase transportiert werden. In manchen Kulturen gehört es deshalb zum Essen dazu.

Du brauchst:
viele kleine Gläser mit Schraubdeckel
Duftproben deiner Wahl (Ideen dazu findest du auf > *Seite 13*)

Der Küchenversuch: Mit einem Duft-Memory kannst du die Nasen deiner Freunde herausfordern. Stell Duft-Paare zusammen und lass sie raten. Was glaubst du, welche Aromen auf dem Foto ein Paar ergeben? Die Auflösung: Rucola + Tomatengrün (grasig), Zitronenschalen + Ingwer (frisch), Brotwürfel + Sesam, beides geröstet (röstig), Vanillestangen + -zucker (blumig).

Himbeerrot, Spinatgrün, Senfgelb. Wieso finden wir gerade Rot so lecker?

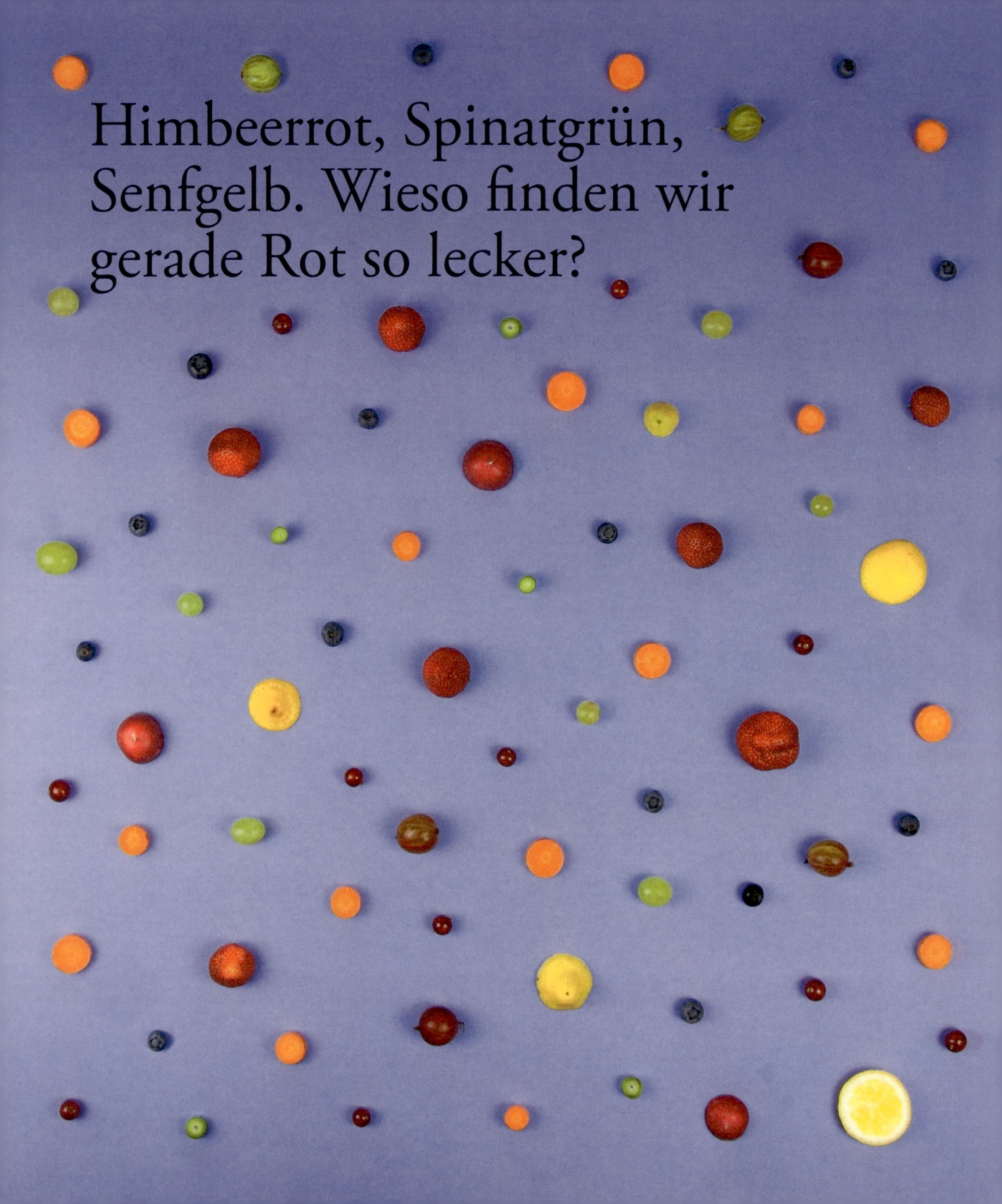

Trick Nr. 2 >> FARBE!

Rotes Essen macht uns sehr schnell den Mund wässrig. In Gummibärchentüten befinden sich deshalb so viele rote Bärchen wie alle anderen Farben zusammen. Warum nur wenig Grün in der Tüte ist, hat natürlich auch einen Grund. Umblättern!

Rot erinnert uns an süße, reife Früchte. Da greifen wir besonders gern zu. Nur: Warum wirkt ein grüner, frischer Salatkopf nicht genauso verlockend?

Gab es in deinem Leben eine Zeit, in der du nichts Grünes mochtest?
Oder geht es dir immer noch so? Warum gerade Kinder grünes Gemüse so oft ablehnen, erklären Wissenschaftler so: Als die Menschen noch in Höhlen lebten, war es für sie lebenswichtig, nichts Giftiges zu essen. Deshalb mussten sie die gefährlichen Pflanzen von den ungefährlichen unterscheiden können. Für die jüngsten Höhlenbewohner war das natürlich noch zu schwierig. Sie mussten es ja erst einmal lernen. Deshalb sorgte die Natur mit einem Trick dafür, dass Kinder nichts Grünes in den Mund nahmen – und steuerte die Kinder über ihren Instinkt. Der ließ sie glauben, dass Grünes nicht schmeckt.

Die gute Nachricht: Die Antigrünzeugphase legt sich wieder.
Was früher also ein absolut sinnvolles Schutzprogramm war, sorgt heute leider oft für Stress am Mittagstisch. Falls du davon betroffen bist, erkläre deinen Eltern, warum das so ist. Und erzähl ihnen am besten gleich auch, dass sich die Abscheu gegen alles Grüne wieder verlieren wird. Aus diesem Grund wirst du – so unvorstellbar es für dich jetzt vielleicht klingen mag – früher oder später Brokkoli und Co. gern essen.

Wie schmeckt Gelb?
Während die Ich-mag-kein-Grün-Phase irgendwann verschwindet, bleibt jedoch die Erwartung, dass gelbes Essen nach gelben Zutaten schmeckt. Die Teilnehmer einer Studie waren zum Beispiel fest davon überzeugt, dass eine gelbe Götterspeise mit Orangengeschmack nach Ananas schmeckte. Du glaubst nicht, dass einem das passieren kann? Erforsche es selbst! Mit dem kleinen Test auf der Seite gegenüber kannst du wunderbar ausprobieren, wie Farbe die Geschmackswahrnehmung beeinflusst.

Noch ein Tipp: Falls dir mal etwas nicht so gut schmeckt, probier es noch einmal auf einem andersfarbigen Teller. Denn sogar die Farbe des Geschirrs beeinflusst, wie lecker man das Essen findet.

Du brauchst:
einige Gläser
farblose Limonade
verschiedene Lebensmittel-farben
ein paar Freunde

Der Küchenversuch: Verteile farblose Limonade auf mehrere Gläser. Färbe die Limo anschließend mit einige Tropfen Lebensmittelfarbe bunt. Da die Farbe geschmacklos ist, schmecken die Getränke natürlich immer gleich. Das verrätst du aber nicht. Stell deinen Freunden zwei Fragen: Wonach schmecken die Getränke? Welches ist besonders lecker?

Fisch contra Fischstäbchen. Warum haben viele Dinge, die wir gern essen, vier Ecken?

Trick Nr. 3 >> FORM!

Was auf dem Teller landet, soll möglichst harmlos aussehen. Denn wer will schon Angst vorm Essen haben? Und ein Fischstäbchen kann uns nicht mit großen Augen angucken. Außerdem lässt es sich wesentlich besser in der Kühltruhe stapeln.

Zugegeben, diesen Satz will man nicht hören: „Da waren die Augen größer als der Magen!“ Bloß: Manches sieht einfach unwiderstehlich aus …

Ich hab dich zum Fressen gern!
Dass wir Menschen uns leicht über den Sehsinn verführen lassen, weiß natürlich auch die Nahrungsmittelindustrie. Deshalb wird etwa Fleisch in niedliche Bärchenwurst verwandelt oder Schokolade in Osterhasenform gegossen. Und jeder Besuch im Supermarkt macht auf Anhieb klar: Mit dem Aussehen der ursprünglichen Zutaten haben die meisten Lebensmittel nicht mehr viel gemeinsam. Da wird püriert, gepresst und neu geformt – und ein Fisch dadurch zum Beispiel zum Stäbchen.

Zwei Fliegen mit einer Klappe:
Einerseits sieht ein Fischstäbchen so abstrakt aus, dass es nicht mehr an Fisch erinnert (und aus diesem Grund manchmal sogar von Leuten gegessen wird, die eigentlich keinen Fisch mögen). Andererseits lässt sich alles, was eckig ist, platzsparend lagern und transportieren. Kein Wunder also, dass so viele Lebensmittel vier Ecken haben, oder?

Wie viel Natur landet auf deinem Teller?
Die Lebensmittelverfremdung hat aber auch Schattenseiten: Vielen Menschen geht es heute so, dass sie naturbelassenes, frisch geerntetes Obst und Gemüse, wie es auf dem Markt angeboten wird, schmutzig und unappetitlich finden. Wie sehen die Dinge aus, die du besonders gern isst? Sind sie ganz natürlich wie ein Apfel? Oder magst du am liebsten etwas Selbstgekochtes, wie einen Pfannkuchen? Oder stehst du auf besonders künstliche Produkte, die man fix und fertig zubereitet kauft, wie eine Tüte Chips oder Süßigkeiten?

Noch ein Tipp: Wie lecker etwas aussieht, hängt nicht zuletzt von der Verpackung ab. Nutze diese Tatsache für deinen eigenen Kocherfolg: Deck den Tisch besonders schön, arrangiere das Essen appetitlich auf dem Teller – und du erntest garantiert noch mehr Aaaahs und Oooohs für deine Kochkünste. Probier's aus!

Mach am besten mehrere Eier, damit du ein bisschen Übung bekommst.

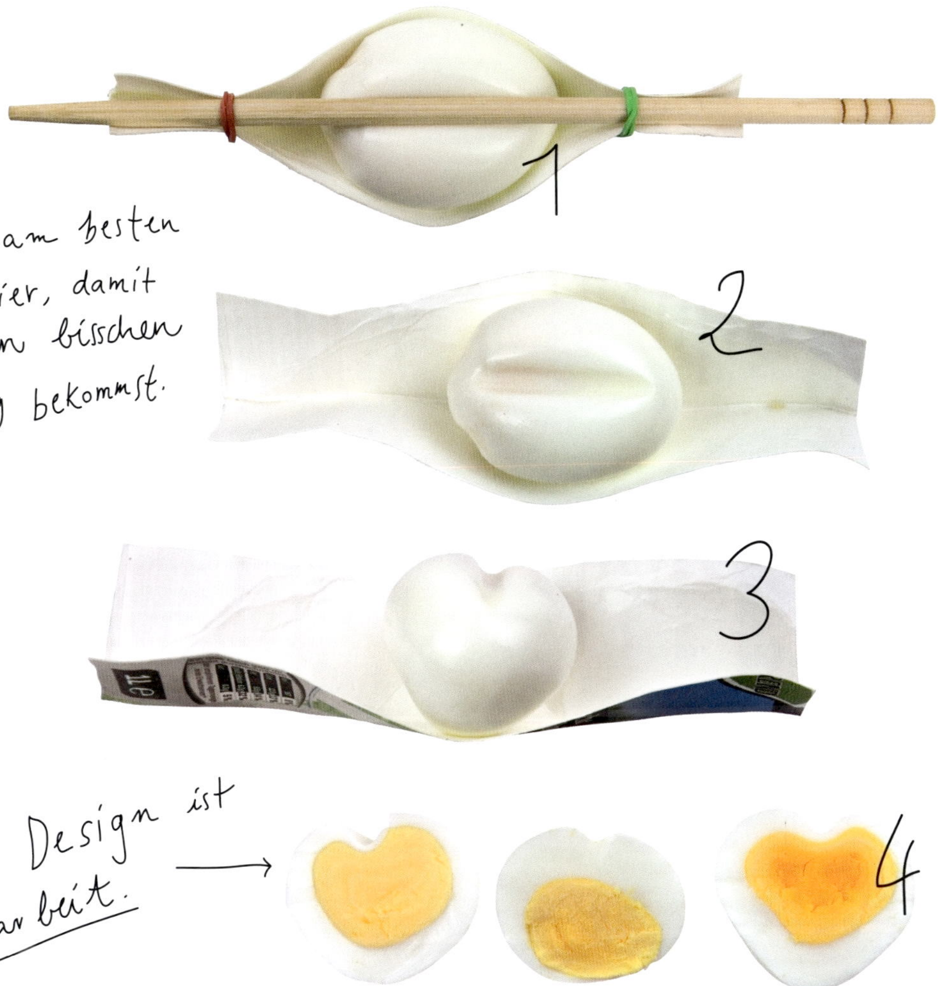

Dieses Design ist Handarbeit. →

Du brauchst:
1 Ei
Eierpikser
Kochtopf mit Wasser
1 Stück Milchkarton
1 Essstäbchen
2 Gummibänder
Messer

Der Küchenversuch: Wie formt man aus einem hart gekochten Ei ein Herz? So: Piks oben und unten kleine Löcher ins Ei, damit die Schale nicht platzt. Koch es etwa 6–7 Minuten lang, aber nicht mehr, damit das Eigelb formbar bleibt. Noch warm pellen. Sofort in den Knick des Kartons legen, das Stäbchen der Länge nach vorsichtig ins Ei drücken, mit den Gummibändern (1) fixieren. Das Paket 20 Minuten in den Kühlschrank legen. Anschließend das Ei auspacken (2, 3) und in zwei Hälften scheiden (4). Herzallerliebst!

Was hat das Gefühl im Mund mit dem Geschmack zu tun?

Trick Nr. 4 >> GEFÜHL!

Wer keine Tomaten mag, findet Ketchup oft trotzdem lecker. Warum? Es eckt nicht an im Mund! Sehr süß ist es außerdem. Alles zusammen weckt die Erinnerung an Babynahrung und damit an viel Geborgenheit. Was püriertes Essen sonst noch kann, steht auf den nächsten Seiten.

Nicht nur Duft, Farbe und Form sorgen für den Spaß am Essen, sondern auch, was Zunge und Gaumen zu spüren bekommen!

Man mag, was man kennt.

Mit den Geschmacksvorlieben verhält es sich bei sehr kleinen Kindern eigentlich ganz einfach: Sie mögen, was sie kennen. Unsere erste Nahrung ist flüssig, danach geht es mit ganz fein püriertem Brei weiter. Und wehe, es verirrt sich auch nur ein winziges Stückchen Möhre darin – das wird postwendend mit der Zunge wieder aus dem Mund befördert. Mit der Zeit passiert das nicht mehr, dann kann der Brei ein bisschen gröber werden und wird trotzdem gern gegessen. Oder richtiger: Gerade deswegen schmeckt er jetzt gut, denn wenn man sich erst mal daran gewöhnt hat, macht ein bisschen Widerstand das Kauen natürlich aufregender.

Püriert oder nicht püriert – auch das wird Geschmackssache!

Während alle Babys mehr oder weniger begeistert ihren Brei essen, ändert sich das später. Da gibt es jene, denen alles schmeckt – solange es nur möglichst püriert daherkommt. Und andere, die den fehlenden Biss ganz schrecklich finden. Genauso, wie es diejenigen gibt, die mit Wonne in einen Pfirsich beißen, und die anderen, die schon der Gedanke an das Gefühl der leicht pelzigen Pfirsichhaut schaudern lässt.

Kann man Geschmack lernen?

Ja! Man muss ihn sogar lernen – und dazu viel ausprobieren. Vertrau dabei jedoch deinem Instinkt. Denn wenn eine Geschmacksüberraschung zu groß ist, reagiert der Körper spontan und heftig: Würg! So eine Reaktion kommt natürlich nicht immer gut an, vermeiden lässt sie sich aber nicht. Urinstinkte sind einfach stärker als gute Erziehung. Und das gilt auch für Gefühle im Mund.

Noch ein Tipp: Wenn du dich an neue Speisen heranwagen willst, kombiniere sie immer mit vertrauten Lebensmitteln, die du ohnehin gern magst. Mit diesem Trick senkst du die Alarmbereitschaft deines Urinstinktes.

Du brauchst:
Gemüse oder Obst, das du nicht magst.
Gemüse oder Obst, das du magst.
Salz, Pfeffer,
Kochtopf
Pürierstab

Der Küchenversuch: In Japan hat man herausgefunden, dass pürierter Koriander sogar Korianderhassern schmeckt. Die zerstörte Zellstruktur verändert die Oberfläche und den Geschmack. Interessant: Wenn man das Püree ein paarmal in netter Runde zu leckeren Nudeln gegessen hat, schmeckt das Kraut bald auch unpüriert. Teste es mit deinem Hass-Gemüse aus! Freunde einladen, kochen, pürieren, würzen, probieren. Mix anfangs noch Kartoffeln darunter. Mach aus Obst ein Smoothie (pürierter Obstmix) oder Lassi (Rezept > *Seite 97*).

Warum macht hart
und weich zusammen so viel
Spaß im Mund?

Trick Nr. 5 >> ÜBERRASCHUNG!
Harte Schale, weicher Kern – das kommt im Mund meistens gut an. Das Erfolgsrezept besteht darin, gegensätzliche Gefühle zu mischen. Wie du das selbst hinbekommen kannst? Umblättern!

Weich auf hart, scharf auf mild, rau auf glatt, cremig auf knusprig – Essen wird spannend, wenn Gegensätze aufeinandertreffen.

Bist du bereit für noch ein Experiment?

Jetzt ist dein Vorstellungsvermögen gefragt: Wie fühlt es sich für die Lippen an, wenn du in einen saftigen Pfirsich beißt? Wie ist es, wenn sich ein hartes Stück Schokolade langsam in deinem Mund auflöst? Und welchen Eindruck hinterlassen eher spitze, sperrige Salatblätter wie Rucola? Kannst du dir das vorstellen? Prima! Jetzt wird es nämlich ein bisschen komplizierter. Stell dir jetzt ein Bonbon vor, das glatt, hart und sauer ist, und wenn du draufbeißt, quillt eine süße Flüssigkeit heraus. Cool, oder? Blättere mal eine Seite zurück, und schau dir an, wie geschickt die Süßigkeitenhersteller mit den Gegensätzen spielen: Da trifft knusprig auf hart auf cremig auf bröselig – in einem einzigen Happs.

Lass es krachen!

Der Eindruck, wie knusprig Chips oder Pommes frites sind, hat aber nicht nur mit dem Biss zu tun, sondern auch mit den Kaugeräuschen, die sie erzeugen. Man kann es auch so sagen: Je stärker es in der Mundhöhle kracht, desto höher ist der Knusprigkeitsfaktor. Logisch, dass die Hersteller daher nicht nur auf Geschmack, Farbe und Verpackung achten, wenn neue Produkte entwickelt werden. Per Mikrofon wird genau aufgezeichnet, welche Geräusche beim Reinbeißen und beim Kauen erzeugt werden.

Bisserlebnisse zum Selbermachen:

Erfinde zum Beispiel dein eigenes Müsli. Misch Apfelstücke plus Beeren plus Nüsse plus Milch plus Joghurt. Wenn man eine solche Mischung löffelt, passiert alles gleichzeitig im Mund. Und schau mal nach rechts. Nachbauen erwünscht! Es muss ja nicht gleich ein Hochhaus werden ... Drei Schichten sind schon spannend genug!

Noch ein Tipp: Experimentiere beim Kochen mit verschiedenen Oberflächen in einer Mahlzeit. Eine pürierte Gemüsesuppe (> Seiten 83 und 93) wird gleich ein viel spannenderes Erlebnis, wenn du noch ein paar Croûtons (> Seite 130) oder geröstete Sonnenblumenkerne (> Seite 149) darüberstreust.

Vorschläge:
Brot
Butter
Gemüse, Salat
Käse
Aufschnitt
1 große Portion Fantasie

Der Küchenversuch: Weißt du, dass du fast jeden Tag die Gelegenheit hast, dir deine eigenen fantastischen Esserlebnisse zu bauen? Es geht ums Pausenbrot. Und falls du es bislang geschmiert bekommen hast: Ändere das! Nutze die Chance, dein Frühstück für die Schule so spannend zuzubereiten, wie du es möchtest. Auf dem Foto oben siehst du viele Ideen dazu. Eigentlich genügt aber ein einziger Tipp, um loszulegen: Hart und weich immer schön abwechseln!

Mit regional angebautem Gemüse, das ohne Plastikverpackung transportiert wurde, bist du auf jeden Fall auf der sicheren Seite. Was sonst noch gut für dich und die Umwelt ist, erfährst du in diesem Kapitel.

Was wächst wann in der Nähe?

Mai

Champignons, Frühlingszwiebeln, Kerbel, Kohlrabi, Kopfsalat, Mairüben, Mangold, Möhren, sehr frühe Kartoffeln, Radieschen, Rhabarber, Rettich, Spargel, Spinat, Spitzkohl, Zuckerschoten // Erdbeeren, Süßkirschen (ab Ende Mai)

APRIL

Bärlauch, Champignons, Frühlingszwiebeln, Kartoffeln, Kresse, Möhren, Radieschen, Rettich, Rhabarber, Schnittlauch, Spargel, Spinat, Zuckerschoten

März

Bärlauch, Champignons, Chicoree, Chinakohl, Kohlarten wie Rot-, Weiß- und Wirsingkohl, Kohlrabi, Lauch, Möhren, Radieschen, Rote Bete, Spinat, erste Wildkräuter wie Löwenzahn oder Brennnesseln

FEBRUAR

Chicoree, Endivien, Feldsalat, Kartoffeln, Knollensellerie, Kohlarten wie Grün-, Rot-, Weiß- und Wirsingkohl, Lauch, Meerrettich, Pastinaken, Rosenkohl, Rote Bete, Schwarzwurzeln, Topinambur, Zwiebeln

JANUAR

Chicoree, Feldsalat, Meerrettich, Möhren, Pastinaken, Kartoffeln, Knollensellerie, Kohlarten wie Rot-, Grün-, Weiß-, Wirsing-, Rosen- und Chinakohl, Kürbis, Radicchio, Rote Bete, Schwarzwurzeln

Heimisches Obst und Gemüse vom Freiland sind besonders umweltfreundlich produzierte Ware, die außerdem besonders gut schmeckt. Dieser Plan zeigt dir deshalb, was bei uns in welchem Monat frisch in die Läden und auf den Markt kommt.

DEZember

Champignons, Chicoree, Chinakohl, Feldsalat, Grünkohl, Rosenkohl, Schwarzwurzeln, Steckrüben // Äpfel, Winterbirnen

JUNI

erster Blumenkohl, erste grüne Bohnen, Champignons, Erbsen, viele Gartenkräuter, frühe Kartoffeln, Kohlrabi, Mangold, Möhren, Radieschen, Rettich, Wirsing, verschiedene Salatsorten, Spargel, Spinat, Spitzkohl // Erdbeeren, Rhabarber, Stachelbeeren, Süßkirschen, ab Mitte Juni: Himbeeren, Johannisbeeren

Juli

grüne und dicke Bohnen, Blumenkohl, Brokkoli, Champignons, Chinakohl, Erbsen, viele Gartenkräuter, frühe Kartoffeln, Kohlrabi, Mangold, Möhren, verschiedene Salatsorten, Spitzkohl // Him-, Stachel-, Johannisbeeren (ab Mitte / Ende Juni), Pfirsiche

AUGUST

Auberginen, Blumenkohl, grüne und dicke Bohnen, Brokkoli, Champignons, Chinakohl, Erbsen, Gurken, Kartoffeln, Kohlrabi, Mangold, Möhren, Paprika, Pastinaken, Radieschen, Rettich, Salatsorten, Staudensellerie, Zucchini, Zuckermais, Zwiebeln // frühe Apfel- und Birnensorten, Brombeeren, Himbeeren, Preiselbeeren und Heidelbeeren, Melonen, Mirabellen, Pflaumen, Sauerkirschen

September

Auberginen, Busch- und Stangenbohnen, Blumenkohl, Brokkoli, Champignons, Chinakohl, Einlegegurken, Fenchel, Kohlrabi, Knoblauch, Kartoffeln, Kürbis, frühe Kohlsorten, Knollensellerie, Lauch, Möhren, Mangold, Paprika, Pastinaken, Pilze, Rettich, Rote Bete, Staudensellerie, Topinambur, Zucchini, Zuckermais, Zwiebeln // Äpfel, Birnen, Brombeeren, Holunderbeeren, Pflaumen, Preiselbeeren, Quitten, Weintrauben

OKTOBER

Blumenkohl, Busch- und Stangenbohnen, Chicoree, Chinakohl, Endivien, Feldsalat, Fenchel, Kartoffeln, Kohlrabi, Kohlsorten, Knoblauch, Knollensellerie, Kürbis, Lauch, Meerrettich, Möhren, Pastinaken, Staudensellerie, Rettich, Rote Bete, Schwarzwurzeln, Steckrüben, Topinambur, Zucchini, Zuckermais, Zwiebeln // Äpfel, Birnen, Holunderbeeren, Preiselbeeren, Quitten, Weintrauben

November

Champignons, Chicoree, Chinakohl, Feldsalat, Grünkohl, Knollensellerie, Kohlsorten, Kürbis, Lauch, Meerrettich, Pastinaken, Rosenkohl, Rote Bete, Topinambur, Steckrüben, Schwarzwurzeln // Äpfel, Birnen, Quitten

Es gibt immer weniger Obst- und Gemüsesorten. Warum?

Bitte mehr!

Weltweit gibt es mehr als 6000 verschiedene Apfelsorten. Allein auf den Wiesen in Deutschland wachsen davon 1500 Arten. Aber nur rund 30 kann man tatsächlich kaufen. In den Supermärkten sind es sogar nur fünf oder sechs Sorten. Bei Kartoffeln oder anderen Obst- und Gemüsesorten sieht es genauso aus. Der Grund: Die Züchter und Händler verdienen mehr, wenn sie nur mit den wenigen Sorten arbeiten, die besonders ertragreich sind. Leider gehen uns dadurch viele Nutzpflanzenarten verloren. Vor 100 Jahren gab es noch weit mehr als doppelt so viele wie heute. Das ist ärgerlich, weil wir dadurch immer weniger Auswahl haben. Und es ist schlecht für die Umwelt, weil eine gesunde Natur Artenreichtum braucht, um das biologische Gleichgewicht aufrechtzuerhalten. Überleg mal, wie viele verschiedene Apfel- und Kartoffelsorten du bislang probiert hast. Wie viele kennen deine Eltern? Wie viele deine Großeltern?

6%

der Kartoffelsorten aus Deutschland landen im Handel.

Wo sind all die Fische hin?

vor 60 Jahren

heute

Die Meere sind leer geworden.
Wo vor 60 Jahren noch 100 Fische schwammen, sind es jetzt nur noch zehn. Es werden einfach viel mehr Fische gefangen, als nachwachsen können. Wie gut, dass man etwas dagegen tun kann: zum Beispiel gezielt nur Fisch kaufen, der unter guten Bedingungen gefangen wird. Zu den unbedenklichen Sorten gehören derzeit z.B. Hering, Karpfen, und Wels. Den aktuellen „Fischeinkaufsratgeber" kannst du im Internet runterladen unter *www.wwf.de* oder *www.greenpeace.de*

Worin befinden sich wie viele Zuckerstücke?*

Ach, wie süß!

Dass zu viel Zucker den Zähnen schadet, ist klar. Trotzdem ist es nicht leicht, Süßigkeiten zu widerstehen. Der Grund dafür: Süße Sachen wie Obst oder Honig, die draußen in der Natur vorkommen, sind niemals giftig und gleichzeitig besonders nahrhaft. Für unsere Vorfahren war beides lebenswichtig, und unser Geschmack ist heute noch darauf programmiert. Das kann man jedoch verändern. Wenn man bewusst weniger süß isst, wird die Zunge immer sensibler. Frühstückst du zum Beispiel regelmäßig Haferflocken, Naturjoghurt und frische Obststückchen, wird dir ein Crunchymüsli bald viel zu süß vorkommen.

**Bei Cola, Eistee, Wasser und Fruchtnektar sind jeweils 300 ml berechnet, ansonsten sind es immer 100 g.*

Wie viel Wasser kostet ein Apfel?
Und wie viel ein Stück Käse?

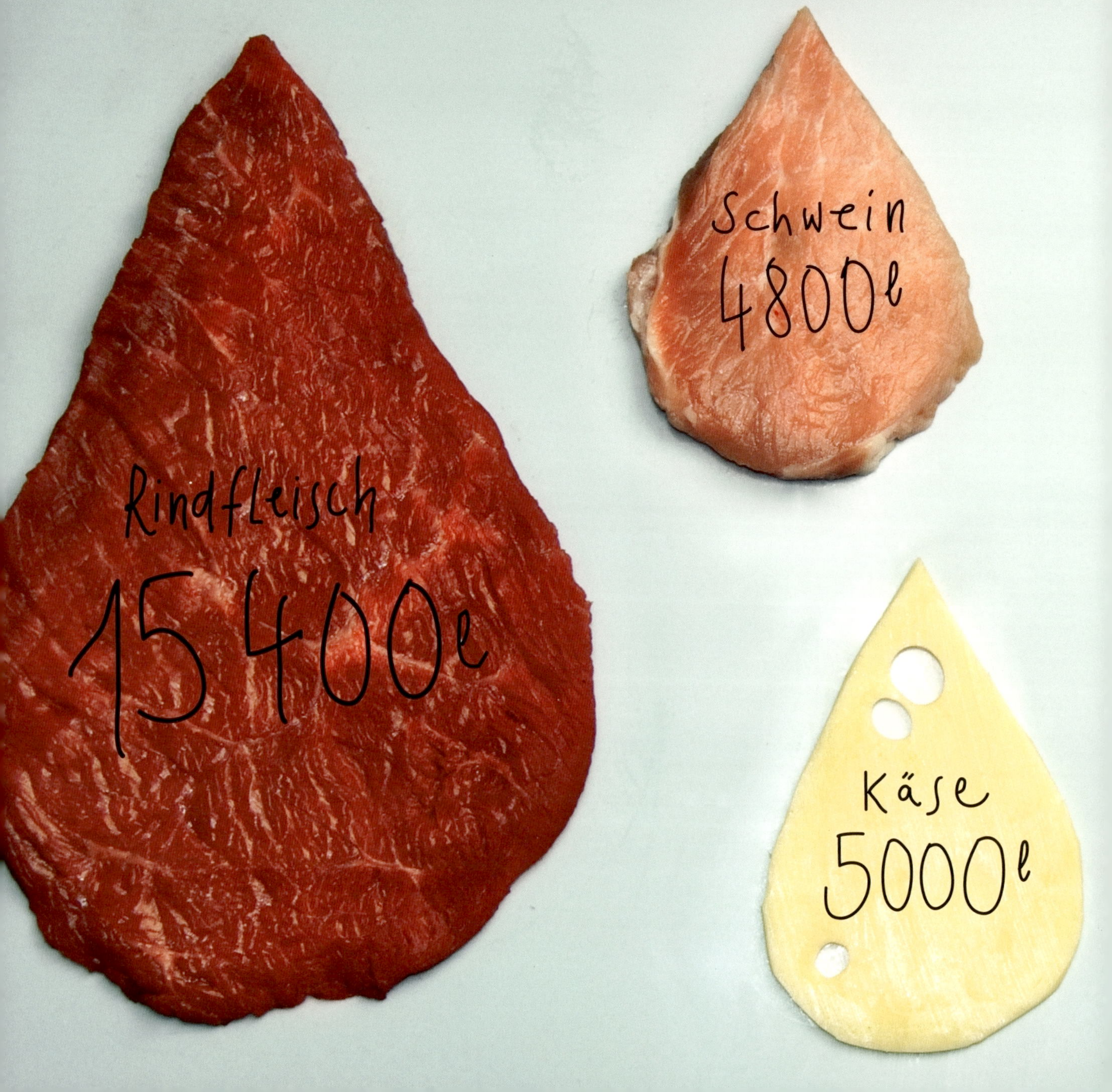

Wasser ist kostbar!

Vielleicht sparst du schon jeden Tag viel Wasser. Es ist ja leicht: Man kann duschen statt baden, die Wasserspartaste der Toilette benutzen und während des Zähneputzens das Wasser abdrehen. Wenn du außerdem beim Einkaufen auf den Wasserverbrauch achtest, bist du besonders weit vorn. Es wissen nämlich noch nicht viele Menschen, dass das geht. Aber eigentlich ist es logisch: Pflanzen und Tiere brauchen Wasser. Und in der Verarbeitung kommt man auch nicht ohne aus. Bis ein Kilo Käse fertig im Laden liegt, werden zum Beispiel 5000 Liter gebraucht. Besonders kritisch ist es übrigens, wenn in trockenen Gegenden wie Spanien oder Afrika sehr viel Wasser verbraucht wird. Mehr dazu findest du auf dieser Seite im Internet: *www.virtuelles-wasser.de*

Warum werfen wir so viel Essen weg? Und was kann man dagegen tun?

Grund Nr. 1: Druckstellen
Obst und Gemüse lassen wir im Geschäft grundsätzlich liegen, wenn es durch Alter oder Transport ein bisschen Schaden genommen hat. Und was keiner kauft, wird weggeworfen. Was tun? Greif auch bei jenen frischen Lebensmitteln zu, die nicht mehr ganz perfekt sind. So rettest du sie vor der Tonne.

Grund Nr. 2: Zu große Portionen
Der Magen ist schon voll, der Teller auch noch … und was wir übrig lassen, wandert in den Müll.
Was tun? Denk daran, wie viel Energie und Mühe in jedem Essen steckt. Dann schaffst du es, mit einer kleineren Portion zu beginnen und lieber noch mal nachzunehmen, falls es nicht gereicht hat.

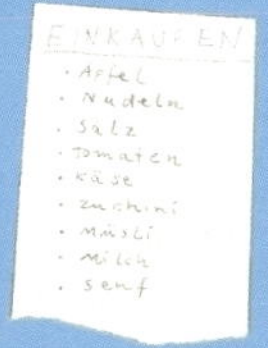

Grund Nr. 3: Zu großer Vorrat Wer ohne Einkaufszettel einkauft, überschätzt oft den Bedarf. Wegwerfen ist die Folge. Was tun? Wirf einen Blick auf die Vorräte. Schreib auf, was du wirklich brauchst, und geh nie mit leerem Magen einkaufen.

Grund Nr. 4: Falsche Lagerung
Frische Nahrungsmittel, die zu hell oder zu warm aufbewahrt werden, verderben schneller als nötig.
Was tun? Lagere Obst und Gemüse möglichst kühl und lichtgeschützt – und grundsätzlich getrennt voneinander. Äpfel, Bananen, Birnen und Tomaten lassen andere Obst- und Gemüsesorten nämlich schneller reif werden und dadurch auch verderben.

Grund Nr. 5: Mindesthaltbarkeit
Das Datum auf der Verpackung zeigt nur die Einschätzung des Herstellers an, wie lange sein Produkt mindestens haltbar ist.
Was tun? Nutz deine Sinne (Sehen, Riechen, Fühlen, Schmecken) für den Frischetest, bevor du etwas wegwirfst.
Ausnahme: rohe Fleisch- und Fischwaren!

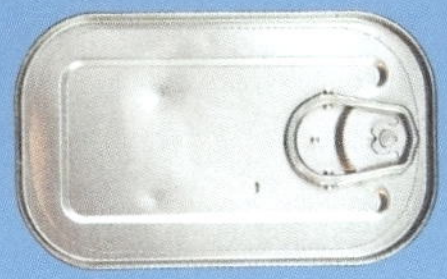

Grund Nr. 6: Schönheitsfehler Obst und Gemüse, die nicht ganz ebenmäßig aussehen, bleiben eher im Geschäft liegen. Die Bauern lassen deshalb den Teil ihrer Ernte oft gleich auf dem Feld verrotten, der optisch aus der Reihe tanzt. Was tun? Auf dem Markt findet man manchmal die hässlichen Gemüse-Entlein. Kaufen lohnt sich: Sie sind oft billiger!

Grund Nr. 7: Dosenfutter & Co.
Bei der Herstellung, beim Transport und bei der Lagerung fertiger Lebensmittel geht viel kaputt, der Ausschuss ist entsprechend groß.
Was tun? Kauf möglichst frische, naturbelassene Lebensmittel aus deiner Gegend und koche selbst.

Schnell mal was in die Pfanne werfen?
Kein Problem mit etwas Vorrat und ein paar praktischen Werkzeugen.
Wie du die Küche so organisieren kannst, dass dir
Schnippeln, Brutzeln und Braten leicht von der Hand gehen, steht
auf den folgenden Seiten.

WELches WERKZEUG gehört → wozu?

Lösungen: 1c Gurke/Schälmesser, 2e Zwiebel/Brettchen und Messer, 3k Zitrone/Zitronenpresse, 4f Kartoffel/Kartoffelstampfer, 5b Brot/Brotmesser, 6o Ei/Schneebesen, 7d Tomate/Tomatenmesser, 8q Muskatnuss/Muskatnussreibe, 9o Teig/Teigrolle, 10l Essig & Öl/Marmeladenglas zum Schütteln, 11g Salat/Salatbesteck, 12j Zucker/Messbecher, 13i Butter/Messer, 14p Mehl/Schüssel, 15n Nudeln/Sieb, 16h Pfeffer/Pfeffermühle, 17a Topf/Untersetzer.

Was sollte unbedingt im Haus sein?

Ein praktischer Vorrat ist mit Dingen gefüllt, aus denen man jederzeit eine schnelle Mahlzeit kochen kann. Wie zum Beispiel diesen hier:

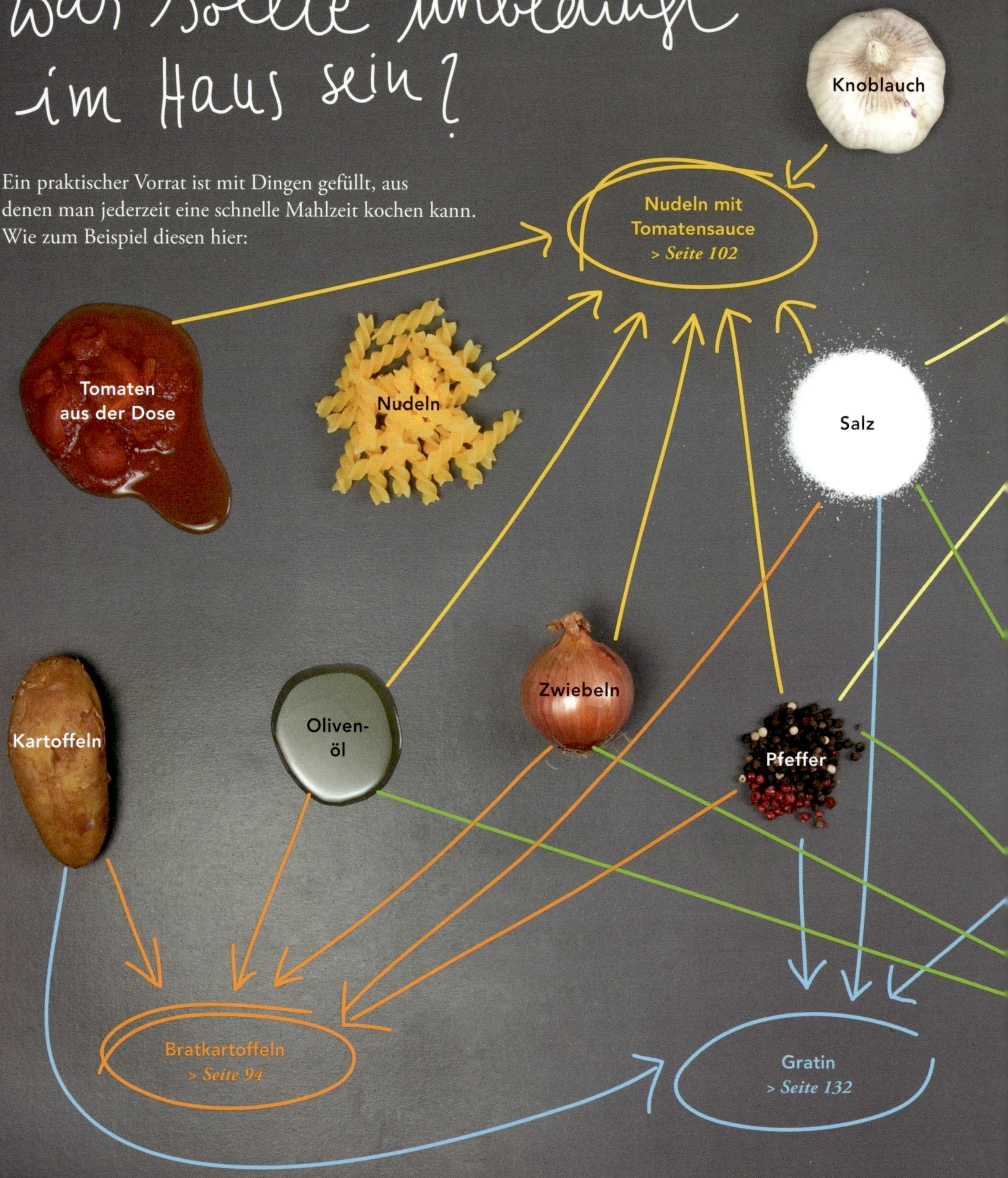

Pfannkuchen &
Tassenkuchen
> Seite 88 und 89
Omelett
> Seite 136
Backpulver
Mehl
Vanillezucker
Eier
Butter
Zucker
Sahne
Reis
(Rundkorn)
Milch
Brühe
Risotto
> Seite 138
Milchreis
> Seite 138

WAS passt wozu?

Zimt
Apfelmus > Seite 107

Basilikum
Tomaten > Seiten 78–81

Oregano
Tomatensoße > Seite 102

Petersilie
Hühnersuppe > Seite 122, Frikadellen > Seite 126, Kräuterquark > Seite 134

Vanille
Kuchen > Seite 89, Pudding > Seite 96, Vanillezucker > Seite 144

Pfefferminze
Salat > Seite 100

Rosmarin
Pommes frites > Seite 128

Paprika, edelsüß
Pommes frites > Seite 128

Curry
Linsensuppe > Seite 130

Koriander
Möhrensuppe > Seite 83
Linsensuppe > Seite 130

Muskatnuss
Gratin > Seite 132

Majoran
Frikadellen > Seite 126

Zitronenpfeffer
passt zu Fleisch, Fisch, Gemüse, Aromatisieren > Seite 144

Ingwer
Möhrensuppe > Seite 83, Linsensuppe > Seite 130

Hier gibt's ein paar Würzideen für den Anfang. Aber wie immer gilt: Probier aus, welche Kombination dir besonders gut schmeckt!

Schnittlauch
Rührei > Seite 86, Omelett > Seite 136

Wer viel kocht, hat gern ein paar frische Kräuter auf der Küchenfensterbank stehen. Wenn man sie auf diese Weise einpflanzt, muss man nur noch ab und zu daran denken, Wasser nachzufüllen. Die clevere Lösung macht das Gießen nämlich überflüssig. So geht's: Plastikflaschen halbieren, den oberen Teil auf dem Kopf in den unteren stellen. Mit Wasser auffüllen, sodass gerade der Flaschenhals bedeckt ist, Kräuter einpflanzen, wachsen lassen, ernten!

WAS kommt wohin?

Was muss wo im Kühlschrank liegen, und was hat dort überhaupt nichts zu suchen?

Eisfach: Hier lagern Lebensmittel, die man eingefroren gekauft hat. Und so lange sind sie dort haltbar: ★ ein Stern = –6 °C = bis zu einer Woche. ★★ zwei Sterne = mindestens –12 °C = bis zu drei Wochen. ★★★ drei Sterne = –18 °C = mehrere Monate. Ausnahme: ★★★★ vier Sterne = Hier steckt genug Power drin, um Lebensmittel selbst einzufrieren. Sie halten dann auch ein paar Monate.

5–8-°C-Zone: Im mittleren Bereich werden Milchprodukte gelagert. Käse kommt möglichst weit nach oben.

2-°C-Zone: Leicht verderbliche Lebensmittel wie Fisch, Fleisch und Wurst gehören an den kältesten Platz im Kühlschrank.

8–10-°C-Zone: Getränke, Eier und Butter kommen in die dafür vorgesehenen Fächer in der Kühlschranktür.

8–10-°C-Zone: Ins Gemüsefach gehören natürlich Obst und Gemüse – aber nicht alle Sorten (siehe rechte Seite). Wichtig: Bei Möhren und Radieschen immer vorher das Grün abschneiden!

Salz, Zucker, Honig und Tee halten sich trocken gelagert nahezu ewig. Mottenanfällige Lebensmittel wie Mehl, Trockenobst, Nüsse am besten in gut verschließbaren Gläsern ins Regal stellen.

Gemüse wie Gurken, Zucchini, grüne Bohnen, Kürbis und Kartoffeln kühl, aber nicht im Kühlschrank aufbewahren. Durch die Kälte würden sie Geschmack und Vitamine verlieren.

Lauchzwiebeln wachsen in einem Glas Wasser eine ganze Zeit lang immer weiter. Dazu nur das Grün zum Kochen abschneiden.

Butter gehört in den Kühlschrank. In kühlen Jahreszeiten kann man jedoch ein Stückchen davon in einer Butterdose außerhalb aufbewahren. So hat man immer streichfähige Butter.

Gewürze und Öle mögen trockene, dunkle Schränke.

Äpfel und Tomaten verströmen das Pflanzenhormon Ethylen, das andere Obst- und Gemüsesorten schneller reifen und verderben lässt. Deshalb getrennt aufbewahren! Praktisch dagegen: Äpfel oder Birnen neben Kartoffeln lagern, dann verhindern sie, dass diese keimen.

Reste? Essen!

Aus Nachtischresten kann man eine himmlische Leckerei aus England basteln, die Trifle heißt. Darin steckt das Wort drei, und tatsächlich: Man braucht genau drei Zutaten aus drei verschiedenen Lebensmittelbereichen, die in einer Schüssel geschichtet werden. 1 Teil Obst (unten), 1 Teil Gebäck (Mitte), 1 Teil Milchprodukt (oben). Ein paar Stunden oder über Nacht im Kühlschrank ziehen lassen … hmmmmm!

Egal, wie genau man beim Kochen plant, es bleibt fast immer etwas übrig. Wegwerfen kommt nicht infrage, also ab in den Kühlschrank damit. Und dann? Ganz einfach: Bei nächster Gelegenheit wieder rausholen, in die Pfanne damit, und wenn es gut aufgewärmt ist, pro Portion ein Ei drüberschlagen und stocken lassen. Wer Eier nicht mag, mischt eine gute Handvoll geriebenen Käse unter das Essen, schmelzen lassen, bis er Fäden zieht. Auch gut: Reste in einer Auflaufform schichten, mit geriebenem Käse bedecken und im Ofen überbacken.

WAS PASSIERT BEIM KOCHEN?

Chemisch gesehen allerhand: Wenn Lebensmittel erhitzt werden, entwirren oder vernetzen sich Eiweiße, Kohlenhydratketten reißen ab, Enzyme werden aktiviert oder lahmgelegt. Sobald du ein bisschen davon verstehst, kannst du Pannen vermeiden und einfach besser kochen.

Was ist sauer? (Probieren verboten!)

Du brauchst:
6 Blätter Rotkohl
Messer
750 ml Wasser
Pürierstab
hohe Rührschüssel
Sieb
großen Messbecher
viele kleine Schraubgläser

Testflüssigkeiten:
2 EL Zitrone
2 EL Essig
2 EL Cola
2 TL Backpulver (erst in etwas Wasser auflösen)
2 EL Spinatwasser (frische Spinatblätter wie den Rotkohl in Wasser pürieren und abseihen)
2 EL Gemüsekochwasser

Zusätzlich kannst du noch andere Flüssigkeiten aus dem Haushalt testen:
2 EL Spülmittel
2 EL flüssiges Colorwaschmittel
2 EL Nagellackentferner

Darum geht's: Säuren wie Essig, Limone oder Zitrone schmecken nicht nur lecker im Essen, sie töten gleichzeitig gefährliche Bakterien. Wenn dagegen ein basisches Lebensmittel wie Backpulver auf eine Säure trifft, entsteht dabei Luft, die man zum Backen braucht *(> Seite 70)*. Mit Rotkohlsaft kann man ganz ohne Probieren herausfinden, was basisch und was sauer ist.

Das steckt dahinter: Rotkohlsaft funktioniert als Indikator, weil er ein wasserlösliches Pigment mit dem Namen Anthocyanin enthält. Es wechselt die Farbe, wenn es mit einer Säure oder einer Base gemischt wird.

Der Küchenversuch: Sechs klein geschnittene Rotkohlblätter mit Wasser bedecken und mit einem Stabmixer pürieren. Die violette Flüssigkeit durch ein Sieb filtern, in einem Messbecher auffangen und mit Leitungswasser auf 750 ml ergänzen. Alle Schraubgläser etwa zu einem Drittel mit Rotkohlsaft füllen.

Testen: Ins erste Glas zusätzlich Essig oder Zitronensaft gießen, ins zweite Glas flüssiges Waschmittel geben. Glas 1 leuchtet sofort rot und zeigt eine Säure an. Der Saft in Glas 2 wird langsam blau (und später grün) und zeigt eine Base an. Glas 3 bleibt für den Vergleich, eine unveränderte, neutrale Lösung. Jetzt andere Testflüssigkeiten wie aus den Beispielen links in die Gläser geben. Welche reagiert sauer? Welche basisch? Welche bleibt neutral? Achtung: Basen brauchen länger, um sich deutlich zu zeigen. Sie können sogar letztendlich gelb werden. Deshalb die Gläser zwei Wochen gut verschlossen stehen lassen und beobachten.

Wie verbindet man Fett und Essig?

Du brauchst:
Flasche mit Schraubverschluss
200 ml Öl
100 ml Essig
1/2 TL Salz
eine Prise Pfeffer

Darum geht's: Gießt man Essig und Öl in ein Glas, kann man immer wieder das Gleiche beobachten: Die beiden Flüssigkeiten vermischen sich nicht. Aber für eine gute Salatsoße sollen sie genau das tun.

Das steckt dahinter: Öl ist hydrophob. Das Wort kommt aus dem Griechischen: „Hydro" heißt Wasser und „phob" heißt ängstlich. Öl hat natürlich keine Angst vor Wasser, aber es kann sich nicht mit ihm verbinden. Beim Wasser ist es genauso: Es hält all seine Teilchen so eng zusammen, dass kein Tropfen Öl dazwischenkommt. Essig ist eine säurehaltige Flüssigkeit auf Wasserbasis und verhält sich deshalb genau wie Wasser.

Der Küchenversuch: Gib für eine Salatsoße alle Zutaten zusammen in die Flasche. Schraub die Flasche nun gut zu und schüttle sie fest. Was passiert? Zunächst bilden sich große Blasen im Öl. Je länger du schüttelst, desto kleiner und feiner werden sie. Nach kurzer Zeit entsteht eine milchig-trübe Soße. Was ist da passiert? Im Wasser sind jetzt superfeine Tröpfchen des Öls verteilt. Chemiker nennen das eine Emulsion. Diese Emulsion ist erstaunlich stabil, manchmal viele Minuten lang. Aber irgendwann trennen sich Öl und Wasser doch wieder, weil kein sogenannter Emulgator wie Eigelb, Sahne oder Senf im Spiel ist.

Noch ein Tipp: Manchmal mischen sich Öl und Essig besonders schlecht. Falls sich eine Soße immer wieder trennen sollte, rette sie mit einem TL Senf oder einem EL Sahne. Soße damit noch einmal gut schütteln. Fertig!

Wie trenne ich Fett und Wasser?

Du brauchst:
50 ml Sahne
eine Prise Salz
Marmeladenglas mit Schraubdeckel (oder Pürierstab oder Mixer)
Sieb
Glas
Holzlöffel
evtl. 1 EL Salz
Wasser und Eiswürfel

Darum geht's: Aus Sahne kann man Butter machen. Dazu müssen die Fettteilchen von den Wasserteilchen getrennt werden. Bloß wie? Denn anders als Öl und Wasser auf der linken Seite ist Sahne eine stabile Emulsion, weil die Fettmoleküle in kleine Eiweißhüllen verpackt sind.

Das steckt dahinter: Die Eiweißhüllen haben die Eigenschaft, sich aneinander festzuhalten und die Fetttröpfchen so im Wasser zu binden.

Der Küchenversuch: Fülle die Sahne in das Marmeladenglas und schüttle es ungefähr zehn Minuten lang. Auf diese Weise mischst du unter die Fett-Wassertröpfchen-Emulsion jede Menge Luftbläschen. Dadurch entsteht Schaum, also Schlagsahne. Schüttelst du weiter, kann das Eiweiß die Luftbläschen und die Wassertröpfchen irgendwann nicht mehr in der Fettmasse halten. Dann verklumpt das flüssige Fett immer mehr, und die Wassertröpfchen kommen wieder raus. Dann setzt sich Buttermilch ab, und eine Butterkugel entsteht. Die Buttermilch durch ein Sieb gießen und im Glas auffangen – du kannst sie später trinken! Die Butter im Sieb noch mit dem Holzlöffel gut ausdrücken.

Noch ein Tipp: Für eine große Menge Butter besser den Stabmixer oder einen Mixer verwenden. Das ist weniger anstrengend und geht deutlich schneller.

Geschmack verbessern: Lass den Butterklumpen über Nacht im Kühlschrank in einem Gemisch aus 250 ml kaltem Wasser, einigen Eiswürfeln und 1 EL Salz ruhen. Dadurch schmeckt deine Butter noch besser.

Was macht das Backpulver im Teig?

Du brauchst:
Ballon
Trichter
1 Päckchen Backpulver
leere Flasche
1 Tasse Essig

Darum geht's: Ohne Backpulver oder Hefe würde aus einem Kuchen- oder Brotteig nur ein harter, flacher Klotz werden.

Das steckt dahinter: In einem Backpulvertütchen befinden sich zwei verschiedene weiße Pulver: Natron und ein saurer Stoff, zum Beispiel Weinsäure. Was passiert, solange das Backpulver kühl und trocken in der Tüte bleibt? Nichts! Doch sobald es im Teig schön feucht und im Backofen heiß wird, reagieren Natron und Weinsäure miteinander und legen mit ihrer eigentlichen Aufgabe los: nämlich Kohlendioxid zu produzieren. (Das ist das Gas, das auch Mineralwasser zum Sprudeln bringt.) Die Gasbläschen dehnen sich im klebrigen Teig durch die Hitze im Backofen aus – bleiben aber darin eingeschlossen. Beim Backen wird der Teig rund um die Bläschen langsam fest. Nach dem Backen kann man die Bläschen übrigens gut sehen: Das sind die kleinen Löcher im Kuchen oder Brot.

Der Küchenversuch: Wie das Kohlendioxid freigesetzt wird, kannst du ganz deutlich beobachten, wenn Backpulver mit Essig in Berührung kommt. Dabei entsteht so viel Gas, dass du damit sogar einen Luftballon aufpusten kannst. Dazu den Ballon zunächst einige Male aufpusten, um ihn ein bisschen zu dehnen. Danach das Backpulver mithilfe des Trichters in den Ballon füllen. Den Trichter kurz mit Wasser ausspülen und ihn anschließend nutzen, um den Essig in die Flasche zu gießen. Jetzt das Mundstück des Ballons rundum über den Flaschenhals stülpen und das Backpulver in die Flasche rutschen lassen. Und dann? Staunen! In wenigen Sekunden ist der Ballon aufgeblasen.

Warum verändert Rösten den Geschmack?

Du brauchst:
3 Toastbrotscheiben
Toaster
Messer

Darum geht's: Knusprig gebackene Kekse, frisch getoastetes Brot oder der Duft von geröstetem Kaffee – all diese würzigen Aromen entstehen beim Backen oder Rösten. Das Wort Rösten stammt eigentlich von „auf dem Rost braten". Bei diesem trockenen Garverfahren werden keinerlei Flüssigkeiten oder Fette verwendet. Das Lebensmittel schmeckt nach dem Rösten anders – egal, ob Erdnüsse, Kaffeebohnen oder Toastbrot. Fertig gebacken schmeckt ein Plätzchen schließlich nicht nur wie getrockneter Teig, sondern irgendwie herzhafter.

Das steckt dahinter: Röststoffe sind Bitterstoffe, die auch Melanoidine genannt werden. Sie machen die Farbe dunkler und die Geruchs- und Geschmacksaromen kräftiger. Und dennoch: Man kann es kaum glauben, aber wie die Geschmacksveränderung ganz genau entsteht, wurde bislang noch nicht erforscht. Bekannt ist allerdings schon, dass es mit den kleinen Bausteinen von Zucker und Eiweiß zu tun hat. Denn bei Hitze verbinden sich verschiedene Zucker- und Eiweißmoleküle chemisch miteinander.

Der Küchenversuch: Je stärker und länger ein Lebensmittel trocken erhitzt wird, desto intensiver wird der Geschmack. Aber nicht jeder Röstgrad schmeckt allen Menschen gleich gut. Auch das ist also Geschmackssache.
Versuch doch einmal herauszufinden, welcher Röst-Typ du bist: Dazu kannst du mehrere Brotscheiben toasten und die verschiedenen Geschmacksstufen probieren. Hellbraun, goldbraun, mittelbraun – welche davon ist deine ganz persönliche Lieblingsvariante?

superheiß!

Wie werden Lebensmittel lange haltbar?

Du brauchst:
2 Einweckgläser
2 Topflappen
Topf
Wasser
Grillzange
sauberes Geschirrtuch
1 kg reife Tomaten
oder
1 Dose Tomaten in Stücken
1 Zwiebel
250 ml hellen Weinessig
2 EL Zucker
½ TL Salz
etwas Pfeffer
hohen Topf mit dickem Boden
Küchenmesser
Küchensieb
Esslöffel
Küchenthermometer

Darum geht's: Wenn Obst und Gemüse nicht zügig gegessen werden können, schimmeln sie.

Das steckt dahinter: Viele Mikroorganismen, wie Bakterien oder Pilze, leben von den gleichen Nahrungsmitteln wie wir. Sie fliegen unsichtbar überall herum und landen sofort, wenn sie etwas Leckeres finden. Weil sie giftig sein können, muss man sie jedoch vom Essen fernhalten. Man kann zum Beispiel etwas ins Essen tun, was sie nicht mögen, wie Salz oder Rauch. Oder ganz viel Zucker, damit sie an ihre Nahrung gar nicht erst rankommen. Sie lassen sich aber auch fernhalten, indem man Lebensmittel ohne Luft verpackt, das nennt man übrigens ein Vakuum.

Der Küchenversuch: Ein Vakuum allein konserviert noch nicht. Es gibt nämlich Bakterien, die ganz ohne Luft aktiv sein können und das Essen schimmeln lassen. Deshalb muss man dafür sorgen, dass garantiert keine von ihnen überleben. Das Einwecken ist dazu eine gute Methode. Durch das Erhitzen der gefüllten und verschlossenen Gläser werden nämlich alle Bakterien abgetötet, und neue können danach nicht mehr hinein.

Sterilisieren: Zunächst müssen die Einweckgläser und die zugehörigen Gummiringe gekocht werden – egal, ob sie neu oder gebraucht sind. Dazu werden sie im Wasser unter Beigabe von etwas Essig 2–3 Minuten ausgekocht. Wenn das Wasser etwas abgekühlt ist, die Gläser mit der Grillzange rausnehmen und in einen Topf mit heißem, klarem Wasser legen. Darin bleiben sie bis zur Verwendung liegen.

Ketchup kochen: Die reifen, aber unbeschädigten Tomaten waschen und halbieren, den Stielansatz entfernen. Zwiebel schälen und in kleine Stücke schneiden. Das Gemüse mit Salz und Pfeffer in den Kochtopf geben, den Essig dazugießen. Alle Zutaten 45 Minuten auf kleiner Flamme köcheln lassen. Nach Ablauf der Kochzeit den Topf vom Herd nehmen und die Masse mithilfe der Rückseite eines Esslöffels durch ein Sieb streichen. Die Flüssigkeit zurück in den Topf geben und noch so lange weiterköcheln lassen, bis sie eindickt. Zum Schluss noch einmal mit Pfeffer, Salz und Zucker abschmecken.

Einwecken: Nach dem Einfüllen den Glasrand abwischen. Gummi auf das Glas legen, Deckel zuklappen und darauf achten, dass sich der Ring nicht verschiebt. Klammer schließen. Einkochgläser in den Kochtopf stellen. So viel Wasser in den Topf füllen, dass die Einkochgläser ganz davon umgeben sind. Wichtig: Die Temperatur des Wasserbades muss bei Beginn des Einkochens der Temperatur des Gläserinhalts entsprechen, damit die Gläser nicht zerspringen. Gläser mit kaltem Inhalt daher nur mit kaltem Wasser, Gläser mit heißem Inhalt mit entsprechend heißem Wasser aufsetzen. Die Einkochzeit zählt erst ab dem Zeitpunkt, wenn die Temperatur von 90 °C ereicht ist.

Abkühlen lassen: Nach dem Einwecken die Gläser mit der Grillzange aus dem Einkochtopf herausnehmen. Lass dir dabei unbedingt helfen! Damit sie nicht springen, Gläser nicht mit kaltem Wasser abschrecken, sondern an einem zugfreien Ort auf einem Holzbrett auskühlen lassen.

superheiß!

Wie wird harter Zucker ohne Wasser flüssig – und wie bleibt er weich?

Du brauchst:
20 g Butter
6 EL Zucker
2 EL Milch
beschichtete Pfanne
Holzlöffel
eckige, mit Backpapier belegte Auflaufform
schweres Messer
heißes Wasser
Pergamentpapier

Darum geht's: Zucker macht Essen oder Getränke süß: hineinschütten, umrühren, fertig. Ungewöhnlicher ist es, Zucker ganz ohne Flüssigkeit aufzulösen. Trocken in einem Topf erhitzt, wird er nämlich selbst flüssig. Zunächst ist er dann durchsichtig, bei weiter ansteigender Hitze wird er gelb, dann goldbraun. Ab etwa 150 °C schmeckt er nicht mehr nur süß, sondern auch geröstet. Dann ist der Zucker karamellisiert *(Abc > Seite 147)*. Aber Achtung! Zucker verbrennt schnell. Dann schmeckt er bitter und ist sehr ungesund. Wenn alles Wasser verdunstet ist, bleibt nur noch schwarzer Kohlenstoff übrig.

Das steckt dahinter: Erhitzte Zuckerkristalle geben chemisch gebundenes Wasser ab. Und je mehr Wasser dabei verdunstet, desto dunkler wird die Flüssigkeit. Kühlt die Masse ab, wird sie wieder hart. Die Zugabe von Fett kann das verhindern, deshalb braucht man es, um weichen Karamell herstellen zu können.

Der Küchenversuch: Alle Zutaten in die Pfanne geben und bei mittlerer Hitze mehrere Minuten lang rühren, bis die Masse spürbar dickflüssig wird und duftet. Eine eckige Form mit Backpapier auslegen. Die Karamellmasse daraufgießen, kurz abkühlen lassen und mit dem Messer in Stücke schneiden. Wenn sie ganz kalt und starr geworden sind, einzeln in Pergamentpapier wickeln.

Warum nach dem Essen das Zähneputzen nicht vergessen?

Du brauchst:
3 Eier (eigentlich benötigst du nur eines, da Eier jedoch so empfindlich sind, lieber zwei mehr nehmen – sicher ist sicher!)
3 Gläser
1 Flasche weißen Essig (5 %)
3 Teelöffel
Esslöffel

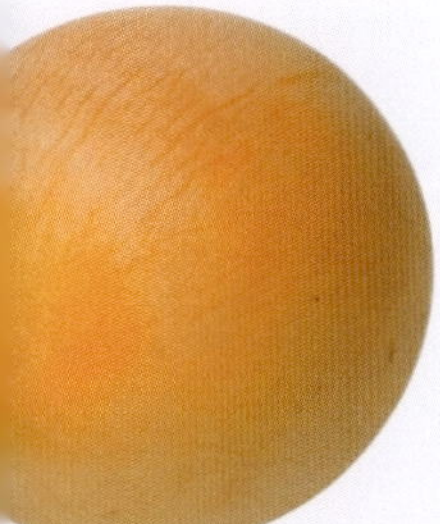

Darum geht's: Nichts ist in deinem Körper so hart wie deine Zähne. Der Grund dafür heißt Calciumphosphat, und das hat einen großen Feind: Säure. Die steckt in allem, was sauer schmeckt, kann im Mund aber auch aus Zucker und allen zuckersüßen Sachen entstehen.

Das steckt dahinter: Im Mund wird Zucker von manchen Bakterien in Zuckersäure umgewandelt. Was passiert, wenn wir die schädlichen Bakterien auf unseren Zähnen nicht abschrubben, zeigt das folgende Experiment. Hier greift die Säure keinen Zahn an, sondern eine Eierschale, die aus Calciumcarbonat besteht.

Der Küchenversuch: Jeweils ein Ei in ein Glas legen und mit Essig bedecken. Die Löffel so in den Gläsern platzieren, dass die Eier nicht an die Oberfläche schwimmen. Nach kurzer Zeit bilden sich viele Bläschen an der Schale, denn die Säure im Essig löst Kohlendioxid aus der Kalkschale heraus. Die Gläser über Nacht stehen lassen. Am nächsten Morgen ein Ei nach dem anderen vorsichtig mit dem Esslöffel herausnehmen und unter fließendem Wasser abspülen. Eventuell hat sich die Schale bereits ganz aufgelöst. Falls nicht, kommen die Eier erneut in ein frisches Essigbad. Sobald sich die Kalkschale aufgelöst hat, wird der rohe, flüssige Inhalt nur noch durch das dünne Eihäutchen zusammengehalten. Unbedingt das Ei gegen das Licht halten und den inneren Aufbau anschauen! Man kann das Ei in die Hand nehmen und sogar ein bisschen drücken – oder sogar hüpfen lassen!

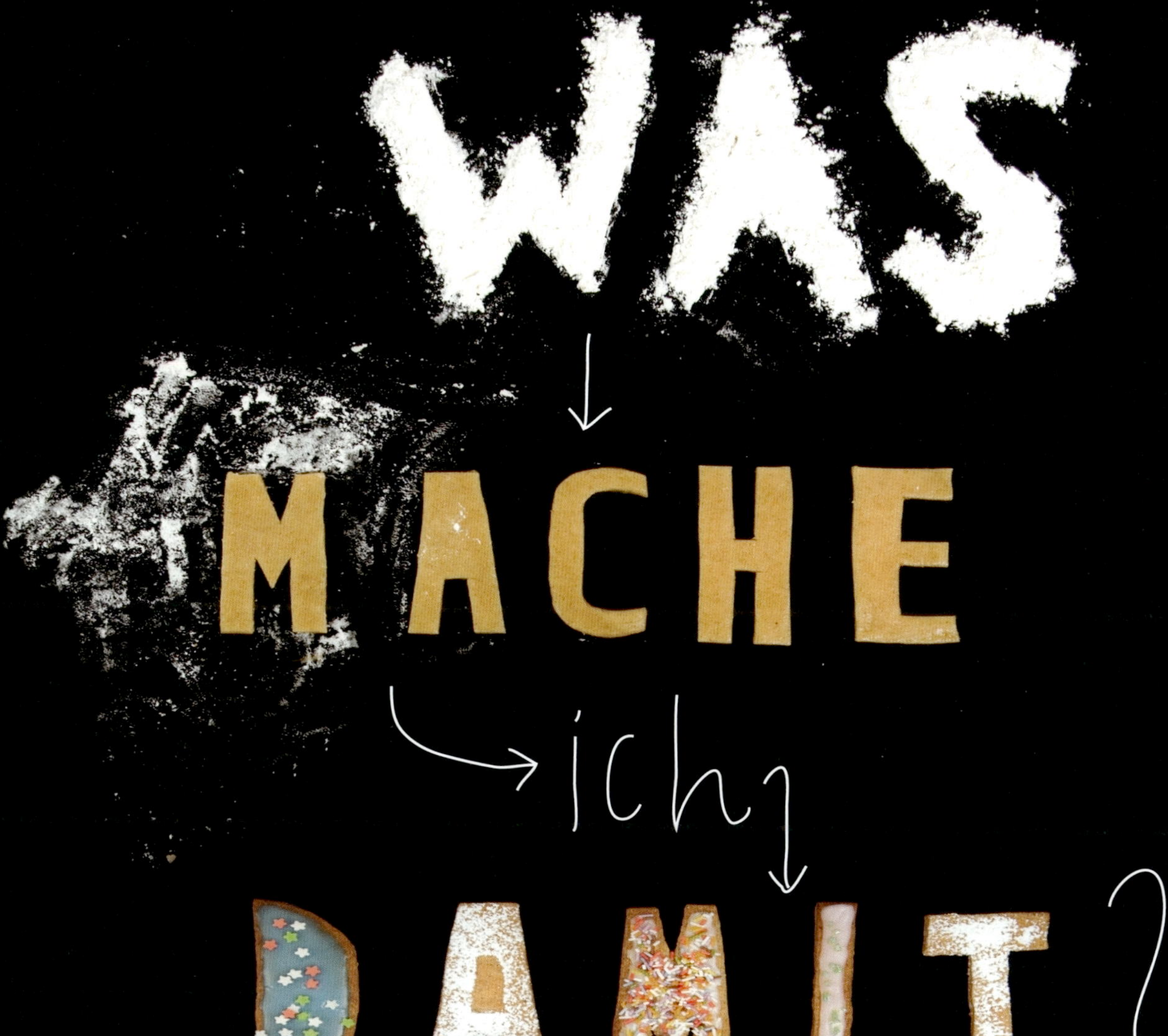

Aus den gleichen Zutaten können ganz unterschiedliche Gerichte gekocht werden. Deshalb: Bleib erfinderisch! Stell dir vor, du hast in deinem Leben noch nie eine Möhre, eine Kartoffel oder ein Ei gesehen. Was würdest du damit ausprobieren wollen? Koch dich mit den folgenden Rezepten in Schwung, dann leg los mit eigenen Ideen.

Die Tomate

Ist es dir schon aufgefallen? Es gibt immer mehr neue Tomatensorten, die man kaufen kann. Das heißt, eigentlich sind es oft ganz alte Sorten, die nur wiederentdeckt worden sind. Wenn möglich, wähle für einen Tomatensalat mal ganz unterschiedliche Arten aus. Das sieht toll aus und schmeckt großartig.

Tomaten-salat

Das Werkzeug:
Küchenmesser, Salatschüssel, Salatbesteck

Die Zutaten für 1 Person:
6–8 kleine unterschiedliche Tomaten,
etwas Mozzarella,
1/4 kleine Zwiebel, 2–3 EL Öl,
1 EL Essig, Salz, Pfeffer

1 > Tomaten waschen, in Scheiben schneiden und in die Salatschüssel geben. Den Mozzarella würfeln und zu den Tomaten geben. Öl, Essig und die Gewürze darübergeben, gut mischen. Auftischen!

Alternativ: Probier Balsamicoessig, etwas Zucker, Schafskäse, Zwiebeln und/oder Basilikumblättchen.

Ofentomaten

Das Werkzeug:
Auflaufform, Pinsel

Die Zutaten für 1 Person:
2 EL Olivenöl
1/2 Knoblauchzehe
8–10 Cherrytomaten
1 TL Puderzucker
Pfeffer, Salz

1 > Eine Auflaufform mit dem Olivenöl auspinseln und mit einer halben Zehe Knoblauch durch die Form wischen. Die gewaschenen, abgetrockneten Tomaten in die Form legen.

2 > Die Tomaten nach Geschmack mit etwas Puderzucker bestreuen. Jetzt im vorgeheizten, nicht zu heißen Ofen ca. 20 Minuten backen lassen und mit Salz und Pfeffer servieren.

Bruschetta

<u>Das Werkzeug:</u>
Küchenmesser,
Knoblauchpresse,
Schüssel, 2 Esslöffel

<u>Die Zutaten für 1 Person:</u>
1–2 mittelgroße reife Tomaten,
1 kleine Knoblauchzehe,
1 EL Olivenöl, Zucker,
Salz, Pfeffer,
3–5 Basilikumblätter,
2–3 Scheiben Brot
(Ciabatta oder Baguette)

1 > Die Tomaten waschen, in kleine Würfel schneiden und in eine Schüssel geben. Den Knoblauch pressen und untermischen, ebenso das Öl und die Kräuter. Mit Salz, Pfeffer und Zucker abschmecken.

Das passt dazu: Eine Prise Zucker macht Tomaten superlecker, und Kräuter gehören einfach dazu. Spannend auf der Zunge: feingeschnittene Pfefferminze!
Auch toll zur Tomate: Kapern, Sardellen, ein leckerer Käse oder etwas Möhrenantipasti von *> Seite 84.*

2 > Brot nach Wunsch vorher toasten und etwas abkühlen lassen.

3 > Tomatenmix aufs Brot geben und sofort essen!

Die Möhre

Möhren waren schon immer orange? Von wegen! In Wirklichkeit wurde das ursprünglich violette Gemüse passend zur Hausfarbe der niederländischen Königsfamilie gezüchtet. Mit etwas Glück kannst du aber heute wieder Möhren in Originalfarbe auf dem Markt finden. Ansonsten tischst du einfach königliches Orange auf!

Möhren-SUPPE

Das Werkzeug: Schälmesser, Topf, Kochlöffel, Pürierstab
Die Zutaten: 5 Möhren, 1 Zwiebel in Würfeln, 1 Dose Kokosmilch, 1 Tasse Apfelsaft, Salz, Pfeffer, Muskat, Zucker

1 > Möhren schälen, *(> Seite 148)* in Scheiben schneiden und ...

2 > ... mit den Zwiebelwürfeln, der Kokosmilch und dem Apfelsaft im Topf langsam erhitzen.

3 > Alles köcheln lassen, bis die Möhren weich sind. Mit Salz, Pfeffer, Muskat und Zucker abschmecken, pürieren. Noch mal abschmecken – fertig!

Das passt dazu: frische Kräuter wie Petersilie oder Koriander

Antipasti

Das Werkzeug:
Messer, Pfanne, Pfannenwender

Die Zutaten:
5 Möhren, 2 EL Öl, 3 EL Balsamico-Essig, Salz, Pfeffer, Zucker

1 > Möhren schälen und in Scheiben schneiden ...

Möhren-SALAT

Das Werkzeug: Schälmesser, Reibe, Topf, Holzlöffel, Salatschüssel, Teelöffel
Die Zutaten: 5 Möhren, 1 EL Öl, 1 Becher Joghurt, 1 Becher Crème fraîche, Salz, Pfeffer, Zucker

1 > Die Möhren schälen, mit einer Reibe in feine Streifen hobeln ....

2 > ... und kurz im Topf zusammen mit dem Öl so lange erhitzen, bis sie leicht angedünstet sind.

2 > ... und in der Pfanne mit dem Öl kurz glasig braten, sodass sie bissfest bleiben.

3 > Die Pfanne vom Herd nehmen, den Balsamico zu den Möhren geben, umrühren. Mit etwas Zucker, Salz und Pfeffer abschmecken, auf einen Teller füllen, kalt werden lassen, mmmmmhhh ...

3 > Joghurt und Crème fraîche in einer kleinen Salatschüssel verrühren und mit Salz, Pfeffer und Zucker abschmecken.

Das passt dazu: zum Beispiel ein geriebener Apfel und eine gepresste Knoblauchzehe

Das Ei

Falls du noch unentschieden bist, mit welchem Rezept du deinen ersten Kochversuch starten willst, nimm deinen Mut zusammen und ein paar Eier dazu – in spätestens zehn Minuten steht etwas Feines auf dem Tisch!

Rührei

Das Werkzeug: Schälchen, Gabel, Pfanne, Holzlöffel

Die Zutaten: 3–4 Eier, 2–3 EL Milch, etwas Salz, Pfeffer und Muskat, 1 TL Öl, 1 TL Butter, 4 Scheiben Brot mit Butter, Schnittlauch

1 > Eier aufschlagen, mit der Milch und den Gewürzen in den Mixbecher geben. Mit der Gabel verquirlen.

2 > Öl und Butter in der Pfanne erhitzen, die Eiermischung dazugeben und mit dem Holzlöffel immer wieder auseinanderziehen. Nach 2–3 Minuten ist dein Rührei gar.

3 > Jede Portion mit einem Butterbrot und Schnittlauchröllchen servieren.

SPIEGEL-ei

2 > Spiegeleier schmecken pur und auf dem Butterbrot!

Das Werkzeug:
Pfanne,
Pfannenwender

Die Zutaten:
2 Eier, 1 TL Öl,
1 TL Butter

1 > Öl und Butter in der Pfanne erhitzen, Eier aufschlagen und hineingleiten lassen. So lange braten lassen, wie du sie am liebsten magst.

Eier mit Senfsoße

Das Werkzeug:
Topf, Kochlöffel

Die Zutaten: hart gekochte (8–10 Min.) und gepellte Eier, 4–5 EL Senf (je nach Schärfe), 1 Becher Sahne, etwas Zucker, eventuell etwas Milch

2 > Die Eier mit der Senfsoße servieren. Dazu passen die Pellkartoffeln von > *Seite 94.*

1 > Senf und Sahne in den Topf geben, langsam erhitzen und dabei rühren. Mit dem Zucker abschmecken. Falls die Soße zu dick wird, die Hitze niedriger stellen und nach Bedarf etwas Milch unterrühren.

Das Mehl

Gut backen ist gar nicht schwer. Die wichtigste Zutat dabei: Geduld! Hefeteig *(> Seite 118)* braucht Zeit zum Gehen, Mürbeteig ruht gern vor der Verarbeitung ein bisschen im Kühlschrank. Und einen Pfannkuchen darf man erst wenden, wenn der Teig unten fest geworden ist. Aber das Warten lohnt sich – probier's aus!

Pfannkuchen

Das Werkzeug:
Rührschüssel, Handmixer, Pfanne, Suppenkelle, Pfannenwender

Die Zutaten für 2 Pfannkuchen:
2 Eier, 4–5 EL Mehl, 2–3 EL Milch, 1 TL ÖL, 1 TL Butter, etwas Salz

> Alle Zutaten (außer Öl und Butter) zu einer dicklichen Flüssigkeit mixen. Öl und Butter in der Pfanne (nicht zu stark!) erhitzen. Mit der Suppenkelle so viel Teig in die Pfanne geben, dass der Boden bedeckt ist.
2–3 Minuten warten, Pfannkuchen wenden, fertig backen.

Das passt dazu: Süß: Apfelstücke mitbacken und mit Zimt und Zucker servieren.
Salzig: Spinat dünsten, mit Käse mischen, auf den fertigen Pfannkuchen verteilen und zusammenklappen.

Tassen-kuchen

<u>Das Werkzeug:</u>
Rührschüssel, Schneebesen oder (besser!) Handmixer, Messbecher, 12 Muffinförmchen oder feuerfeste Tassen, 2 Esslöffel

<u>Die Zutaten:</u> 150 g weiche Butter,
100 g Zucker,
1 Päckchen Vanillezucker,
3 Eier Größe M,
175 g Mehl,
2 TL Backpulver,
1/4 TL Salz

1 > Weiche Butter in die Rührschüssel geben und mit dem Handmixer erst auf niedriger, dann auf mittlerer Stufe schaumig schlagen. Zucker und Vanillezucker zugeben, eine Minute verrühren. Eier einzeln nach und nach dazugeben und dazwischen 30 Sekunden rühren.

2 > Das Mehl mit dem Backpulver mischen, das Salz dazugeben und zügig auf niedriger Stufe unterrühren.

3 > Die Förmchen mit Butter einfetten und mit ein bisschen Mehl einstäuben.

4 > Klecks mit den beiden Esslöffeln den Teig gleichmäßig in die Förmchen. Wichtig: Füll sie nur zur Hälfte!

5 > Backofen auf 175 °C Ober- und Unterhitze vorheizen. Heißluft meiden, weil Cupcakes davon oft windschief werden.

Das passt dazu: Dekoriere die kleinen Kuchen mit Obst, Zuckerguss und Liebesperlen!

Mürbeteig

Das Werkzeug: Tischplatte als Arbeitsfläche, 2 saubere Hände, Nudelholz, Frischhaltefolie, scharfes Messer, runde Tarteform Ø 26 cm. Plus für die salzige Tarte: Gabel, Pfanne, Rührschüssel

Die Zutaten: 300 g Mehl, 200 g kalte Butter in Würfeln, 1 Ei.
Plus für den süßen Teig: 100 g Zucker und 1 Prise Salz.
Plus für den salzigen Teig: 1/2 TL Salz

2 > Den Teig ausrollen und in die eingefettete Form drücken. Ofen auf 220 °C Ober- und Unterhitze vorheizen.

1 > Mehl, Salz – für den süßen Teig auch noch Zucker – miteinander auf der Arbeitsfläche vermengen. Butterstückchen und Ei dazugeben, alles erst zu einem krümeligen Teig kneten und dann zu einem flachen Ball formen und in Folie wickeln. Im Kühlschrank 20–30 Minuten kalt werden lassen.

3 > Die gewünschte Füllung (siehe rechte Seite) auf den Teig geben und dann im Ofen 20–30 min backen. Wichtig: zwischendurch nachschauen, ob der Kuchen schon fertig ist!

Quiche

Alternativ:
Gemüse wie 2–3 Stangen Lauch (300 g Spinat oder 2 Zucchini), 2 EL Öl, 3 Eier Größe M, 200 ml Sahne, Salz, Pfeffer, frisch geriebene Muskatnuss, 150 g geriebener Käse

4 > Den Lauch in Ringe schneiden, waschen, trocken tupfen. Das Öl in der Pfanne erhitzen und die Lauchringe andünsten. Die Eier in einer Schüssel mit der Sahne verquirlen, würzen. Den noch heißen Lauch auf den Mürbeteig geben, die Ei-Sahne-Masse darübergießen und mit dem geriebenen Käse bestreuen. Backen siehe >> Punkt 3 auf der linken Seite.

Obsttarte

Alternativ:
800 g Aprikosen (oder anderes Obst, wie Birnen, Pflaumen oder Rhabarber), 2 EL brauner Zucker

4 > Obst in Stücke schneiden. Den Teigboden belegen und mit braunem Zucker bestreuen. Backen siehe >> Punkt 3 auf der linken Seite.

Die Kartoffel

Garantiert hast du sie schon auf ganz viele Arten probiert: zum Beispiel als Salzkartoffeln, Pommes frites, Knödel, Puffer oder Chips. Tatsächlich wird kaum ein Gemüse auf so viele verschiedene Weisen zubereitet. Drei andere kannst du ab sofort mit diesen Rezepten selbst ausprobieren:

SUPPE

Das Werkzeug: Kartoffelschälmesser, Messer, Topf, Pürierstab

Die Zutaten: 500 g mehlige Kartoffeln, 1/2 l Rinder- oder Gemüsebrühe, 1 Zwiebel, 1 Möhre, 1 Lauchstange (alles gehackt), 1 Becher Sahne, Salz, Pfeffer

1 > Kartoffeln schälen, in Stücke schneiden und in der Brühe kochen. Zwiebel, Möhre und Lauch hinzugeben. Wenn alles gar ist, ein Drittel vom Kochwasser abgießen und den Becher Sahne hinzufügen.

2 > Mit dem Pürierstab cremig pürieren. Aber Achtung: Die Spritzer sind heiß! Mit Salz und Pfeffer abschmecken.

Das passt dazu:
Wusstest du, dass Tomatenmark ein wunderbarer Geschmacksverstärker ist? Probier's aus und mix einen Esslöffel unter die Suppe. Das gibt sofort einen Kick in Richtung „umami". *(Geschmack > Seite 10)*

pellkartoffeln

> Kartoffeln in Salzwasser kochen, mit kaltem Wasser abschrecken, pellen, etwas abkühlen lassen, dann in Scheiben schneiden.

Das Werkzeug:
Topf, Messer

Die Zutaten:
500 g festkochende Kartoffeln, Salz

BRATkartoffeln

Das Werkzeug:
Pfanne,
Pfannenwender

Die Zutaten:
Öl für die Pfanne,
1 klein gehackte Zwiebel, Salz, Pfeffer

KARTOFFEL SALAT

Das Werkzeug:
Salatschüssel,
Schneebesen

Die Zutaten:
1 Tasse Rinder- oder Gemüsebrühe,
1 TL Essig, 2 kleine saure Gurken
in Scheiben, 1 gewürfelte Zwiebel,
Schnittlauchhalme, in Ringe geschnitten,
1 EL Gurkenwasser, 1 TL Senf,
1 EL Öl, Zucker, Pfeffer, Salz

> Während die Pellkartoffeln kochen, alle Zutaten für die Soße in eine Schüssel geben und mit dem Schneebesen kräftig verrühren. Die Kartoffelscheiben noch warm mit der Salatsauce mischen. Abschmecken, nachwürzen, drüber herfallen!

> Gekochte Pellkartoffeln vom Vortag in Scheiben schneiden. Einen guten Schuss Öl in der Pfanne erhitzen, Kartoffelscheiben und Zwiebelwürfel dazugeben, unter ständigem Wenden rösten. Salzen, pfeffern, hmmmm!

Die Milch

Vielleicht weißt du schon, dass Milch beim Kochen schnell anbrennt. Mit einem Trick kannst du das beim Puddingkochen verhindern: Gib die Milch in den Topf, streu den Zucker möglichst so hinein, dass er großflächig den Boden bedeckt. Dann Milch kochen, nicht umrühren! Und wenn die Milch kocht, den Rest der Milch mit den anderen Zutaten einrühren.

PUDDING

Das Werkzeug:
Tasse, Gabel, Topf, Schneebesen, Schale

Die Zutaten: 4 EL Speisestärke,
1 Eigelb *(Ei trennen > Seite 146)*,
1 Prise Salz 1/2 l Milch,
1 Vanilleschote, 4 EL Zucker

1 > Stärke, Eigelb, Salz in einer Tasse mit der Gabel vermengen und mit 5 EL kalter(!) Milch glattrühren. Die Vanilleschote längs aufschneiden, das Mark auskratzen, mit der Milch mischen. Die Schote mit der Milch und dem Zucker zusammen im Topf erwärmen.

2 > Milch kurz aufkochen, von der Herdplatte ziehen, die Stärkemischung mit dem Schneebesen unterziehen. Erneut aufs Feuer stellen und eine Minute kochen lassen. Dabei GUT RÜHREN!

3 > In eine mit kaltem Wasser ausgespülte Schale gießen und einige Stunden kühl stellen oder direkt warm essen!

Himbeer-Lassi

Das Werkzeug:
Handmixer,
hohe Rührschüssel

Die Zutaten:
Milch (oder Wasser),
Joghurt, Obst,
Zucker

> Wasser oder Milch mit etwa der gleichen Menge Naturjoghurt und Obst nach Geschmack eine Minute lang mixen und nach Geschmack süßen.

1. Alternative:
Ein Joghurtshake ist fantastisch, auch wenn du keinen großen Hunger hast – zum Beispiel, weil es draußen zu warm zum Essen ist. Du kannst statt Zucker auch mal etwas Salz nehmen – das nennt man in der Türkei Ayran.

2. Alternative:
1/2 Tafel Schokolade im Wasserbad (> Seite 150) schmelzen und 25 ml Schlagsahne mit einem Schneebesen einrühren bis die Sauce dick wird. Gehobelte Mandeln drüberstreuen.

Wir essen jeden Tag. Aber weil Laune, Wetter, Jahreszeit und noch ein paar Dinge nicht täglich gleich sind, hat man auch nicht immer auf die gleichen Gerichte Lust. In diesem Kapitel findest du deshalb Rezepte und Ideen für alle Fälle.

vegan / glutenfrei / 20 Minuten / / macht munter

Der Salat

Das Werkzeug:
Salatschleuder
Salatschüssel
Marmeladenglas
Esslöffel
Salatbesteck

Die Zutaten:
1 Kopf Salat
Gemüse, das dir schmeckt
6 EL Öl
2 EL Essig
2 TL Salz und etwas Pfeffer
evtl. etwas Zucker

Waschen und trocknen. Die Salatblätter vorsichtig in kaltem Wasser wenden, dann in der Salatschleuder trocknen (1–3).

Schneiden. Salatblätter klein zupfen, alle weiteren Zutaten deiner Wahl in kleine Stücke schneiden (4, 5). Ab in die Salatschüssel damit!

Mitnehmen. Falls du Salat und Soße zum Picknick oder in die Schule mitnehmen möchtest, dann immer getrennt (6, 7). Kurz vorm Essen wird beides gemischt.

Mixen. Essig, Öl, Salz, Pfeffer und evtl. Zucker ins Marmeladenglas geben (8). Glas verschließen. Schütteln (9). *(Salatsoße > Seite 68)*

Anmachen. Alle Blätter sollen von der Soße überzogen sein, sie dürfen aber nicht darin schwimmen. Deshalb erst wenig Soße auf den Salat geben (10), vorsichtig mit dem Salatbesteck mischen. Eventuell wiederholen.

„Salatsoße mache ich immer in einem großen Glas auf Vorrat!"
Tula, 12

Die Tomatensoße mit Nudeln

Dein Werkzeug:
Schneidebrett
Schneidemesser
Pfanne
Pfannenwender oder Holzlöffel
großer Topf
Kartoffelstampfer

Deine Zutaten für ca. 4 Tassen Soße:
1 kg Tomaten
1/4 Tasse Olivenöl
1 kleine Zwiebel
2–3 kleine geschälte Knoblauchzehen
1/2 mittelgroße Möhre
1/2 Stange Sellerie
1/2 Teelöffel Salz
Plus: ein Paket Nudeln

Soße kochen. Tomaten häuten *(> Seite 151)* (1). Zwiebel, Möhre, Sellerie und Knoblauch klein schneiden (2–6). *(Für weitere Fotos umblättern!)* Olivenöl in einer großen Pfanne auf mittlerer Einstellung erhitzen (7, 8). Zunächst Zwiebeln, Möhre, Sellerie, Knoblauch zufügen (9–11). Nach 10 Minuten die Tomaten (12) zugeben. Kurz aufkochen, dann Hitze etwas runterstellen und das Gemüse 30 Minuten köcheln lassen (13). Mit dem Kartoffelstampfer breiig stampfen.

Nudeln kochen. Wasser im Topf aufkochen, salzen, Nudeln kochen (14–15), abgießen (16). Eine Tasse vom Kochwasser in die Soße geben. Umrühren, auftischen!

3

„Zwiebeln schneide
ich nur mit SCHWIMMBRILLE,
sonst tränen mir
Augen." Marie

6

7

8

12

13

14

„Nudeln sind für mich nie langweilig, weil es so viele Formen gibt." Marie Fee, 14

Das Apfelmus

superheiß!

Dein Werkzeug:
Küchenmesser
Holzlöffel
Topf mit Deckel
Kartoffelstampfer
falls vorhanden:
Apfelausstecher und Zitronenpresse

Deine Zutaten:
1–2 kg Äpfel,
am besten eine säuerliche Sorte wie Boskop
oder Kläräpfel
1–2 Zitronen
1–2 EL Zucker mit Zimt

Vorbereiten. Äpfel schälen, vom Kerngehäuse befreien (1, 2). Dazu ist ein Apfelausstecher sehr praktisch (3)! Zitronensaft auspressen (4) und über die in Scheiben geschnittenen Äpfel (5) gießen, damit sie nicht braun werden.

Karamellisieren. Den Zucker im Topf etwa 2 Minuten schmelzen (6), bis er leicht braun wird. *(> Seite 147)*

Kochen. Die Apfelspalten zum Zucker geben, Hitze runterschalten. Dabei kräftig mit dem Holzlöffel rühren (7), bis sich der karamellisierte Zucker vom Topfboden löst. Achtung: Das geht sehr schnell! Deckel auf den Topf setzen und die Äpfel kochen, bis sie ganz weich sind.

Pürieren. Mit dem Kartoffelstampfer zu Püree zerdrücken. Zum Schluss mit Zimt und Zucker abschmecken (8).

1

5

„Manchmal nehme ich Birnen statt Äpfeln."

Noemi, 11

Der Holundersirup

<u>Das Werkzeug:</u>
große Glasschüsseln
großer Teller (als Deckel)
scharfes Messer
Schneidebrett
Sieb
Trichter
ausgekochte Glasflaschen
mit Bügelverschluss
oder Marmeladengläser mit
Schraubdeckel

<u>Die Zutaten:</u>
6 frisch gepflückte Holunderblüten
1 Päckchen Zitronensäure
2 Biozitronen
0,5 l kaltes Wasser
500 g feiner Zucker

Tag 1. Im Juni frische Holunderblüten fern von viel befahrenen Straßen pflücken (1). Ausschütteln (2)! Blüten von den Stielen zupfen, in die Schüssel legen (3), Zitronensäurepulver darüberstreuen (4). Zitronen waschen, in Scheiben schneiden und dazugeben (5, 6). Wasser darübergießen (7–9), Schüssel mit einem Deckel abdecken, über Nacht ziehen lassen (10).

Tag 2. *(Für die weiteren Fotos umblättern!)* Flüssigkeit durch ein Sieb gießen (11), Holunderwasser in einer zweiten Schüssel auffangen. Zucker einrühren (12, 13). Den Sirup mit dem Deckel abdecken und einen weiteren Tag bei Zimmertemperatur stehen lassen.

Tag 3. Sirup mit dem Trichter in die Fläschchen abfüllen (14).
Und dann? Probieren (15) und im Sommer trinken (16, 17)!

3

4

5

8

9

10

11

12

13

15

16

17

„Holundersirup mache ich mit meiner Freundin zusammen. Alleine klappt das nicht so gut."

Rana, 7

14

Der Schokoladenkuchen

Das Werkzeug:
Springform Ø 26 cm
Backpinsel
2 kleinere Schalen
Rührschüssel
hohe Sahneschüssel
Mixer mit Schneebesenaufsätzen
Topf plus Wasserbadaufsatz
Backuhr

Die Zutaten:
4 Eier
200 g Zucker
180 g Butter
200 g Zartbitterschokolade
1 Prise Salz

Vorheizen. E-Herd: 180 °C // Umluftherd: 160 °C // Gasherd: Stufe 2

Vorbereiten. Springform einfetten (1). Butter und Schokolade im Wasserbad schmelzen *(> Seite 150)* (2-4). Abkühlen lassen.

Teig zubereiten. Eier nach Gelb und Weiß in die beiden Schalen trennen (5). Mit dem Mixer Eigelb, Zucker und Salz cremig schlagen, bis sich die Menge verdoppelt (6–7). Schokocreme vorsichtig darunterrühren (8–11). *(Für die weiteren Fotos umblättern!)* Schneebesen gründlich spülen und abtrocknen und das Eiweiß damit in der hohen Schüssel schlagen (12, 13). Wenn es anfängt, steif zu werden, den restlichen Zucker einrieseln lassen. Weiterschlagen, bis das Eiweiß feste Spitzen bildet. Vorsichtig unter die Schokolade rühren (14). Den Teig in die Backform gießen (15), Backuhr auf 35 Minuten stellen. Vorher schon mal nachschauen! Backform etwas abkühlen lassen (16), Kuchen rausholen (17). Warm essen (18–20)!

2

3

4

6

7

8

„Wer den Kuchen backt,
darf auch die Schüssel auslecken!"
Tula, 12

12

13

14

18

19

20

vegetarisch / 1,5 Stunden / ✎ / machen den Nachmittag schön

Die Waffeln

Das Werkzeug:
Rührschüssel
Mixer mit Schneebesen
Waffeleisen, Backpinsel
Suppenkelle, Gabel, Kuchengitter

Die Zutaten für etwa 10 Waffeln:
100 g Zucker
125 g Butter oder Margarine
3 Eier der Größe M
250 g Mehl
1 Tütchen Backpulver
1 Tütchen Vanillezucker
1 Glas Milch (250 ml)
Butter zum Einfetten
Puderzucker
evtl. Lebensmittelfarbe,
geschlagene Sahne
und frische Beeren

Teig rühren. Zucker in die Schüssel geben (1). Butter im Topf schmelzen und etwas abkühlen lassen, zum Zucker geben (2). Beides mit dem Handmixer verrühren. Eier aufschlagen (3), unterrühren. Vanillezucker, Backpulver und das Mehl in einer Extraschüssel mischen und löffelweise unter die Eiermischung rühren. Alles 2 Minuten mixen (4). Etwas Milch zufügen, bis der Teig leicht flüssig ist (5). Eventuell in mehreren Schüsseln mit Lebensmittelfarbe bunt einfärben (6).

Backen. Waffeleisen vorheizen, Eisenflächen mit etwas Butter einpinseln (7), Teig mit einer Suppenkelle einfüllen. Backen (8, 9). Die Waffeln mit einer Gabel aus dem Waffeleisen lösen. Auf dem Kuchengitter auskühlen lassen. Einfach etwas Puderzucker drübersieben. Oder schön dekorieren und jemandem eine Freude machen (10)!!!

„Die Warterei nervt ein bisschen!" Kjell, 10

Die Pizza

Das Werkzeug:
Küchenwaage
große Schüssel
Trockentuch
Esslöffel
Backblech

Die Zutaten für 4–6 kleine Pizzen:
400 g Mehl
1 Päckchen Trockenhefe oder
1 Würfel frische Hefe
1 TL Zucker
2 TL Salz
200 ml lauwarmes Wasser
4 EL Öl
150 g Kirschtomaten
2 Pakete Mozzarella

Vorheizen. 200 °C // Umluft 180 °C // Gas Stufe 3

Teig zubereiten. Mehl abwiegen (1). Hefe, Zucker und das Wasser in der Schüssel verrühren, bis sich der Zucker und die Hefe aufgelöst haben (2). Salz, Öl und die aufgelöste Hefe zum Mehl geben (3, 4). Alles kräftig durchkneten (5). Den fertigen Teig zu einer Kugel rollen und in der Schüssel mit einem Tuch 60 Minuten zugedeckt an einem warmen Ort ruhen lassen (6). *(Für die weiteren Fotos umblättern!)*

Pizza formen. Den aufgegangenen Teig (7) noch mal durchkneten (8). In vier bis sechs kleinere Kugeln teilen und diese anschließend auf dem Blech flach drücken (9). Etwas Olivenöl über die Pizzen gießen (10, 11). Hände waschen (12) und Tomatenhälften und Mozzarella darauf verteilen (13, 14). Im Ofen auf der mittleren Schiene etwa 25 Minuten backen (15–17).

5

„Mehlige Hände wasche ich immer mit kaltem Wasser. Dann klebt es nicht so.“ Levin, 10

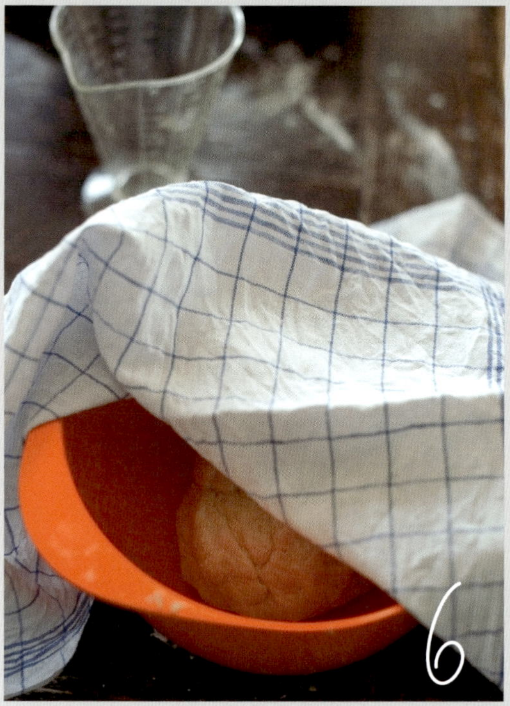
6

7

8

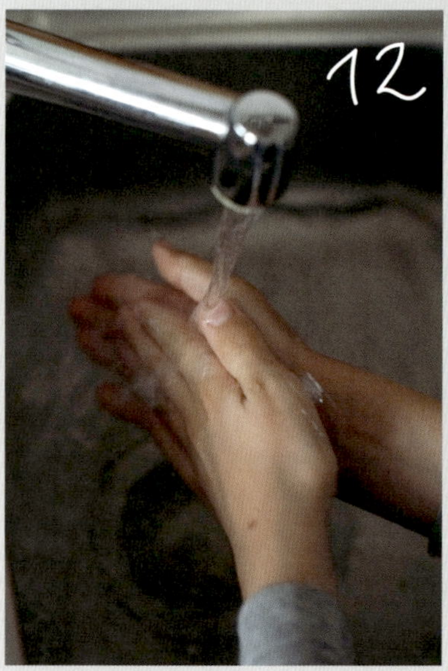
12

13

14

„Pizzabacken finde ich so gut, weil es ein bisschen wie Töpfern ist!" Levin, 10

Die Hühnersuppe

Das Werkzeug:
2 große Töpfe mit Deckel
Messer, Brettchen
Sieb
Teller

Die Zutaten:
1 Biohuhn
1 TL Salz, Pfeffer
2 Lorbeerblätter
1 Zwiebel
1 Bund Suppengrün
2–3 Möhren extra
200 g kleine Nudeln
Petersilie

Vorbereiten. Das Huhn (1) gut von innen und außen waschen. Den sogenannten Bürzel, das ist die Fettdrüse am Schwanz (3), mit einem scharfen Messer abschneiden, er soll nicht mitkochen. Das Huhn in einen großen Topf legen und komplett mit kaltem Wasser bedecken (2). Einen guten TL Salz, etwas Pfeffer, die Lorbeerblätter und die halbierte, aber ungeschälte Zwiebel dazugeben (4, 5).

Waschen. Anschießend sofort alles gründlich mit warmem Wasser und Spülmittel abwaschen, was mit dem Huhn in Berührung gekommen ist: Messer, Brettchen, deine Hände … Rohes Hühnerfleisch kann krank machende Keime enthalten! *(Kreuzkontamination > Seite 147)*

„Zwiebelschale ist klasse, weil sie die Suppe goldgelb färbt!" Jennifa, 14

Kochen. Den Topf mit Deckel auf die Kochplatte, Herd auf die höchste Stufe stellen. Warten, bis die Suppe zu köcheln beginnt. *(Umblättern!)*

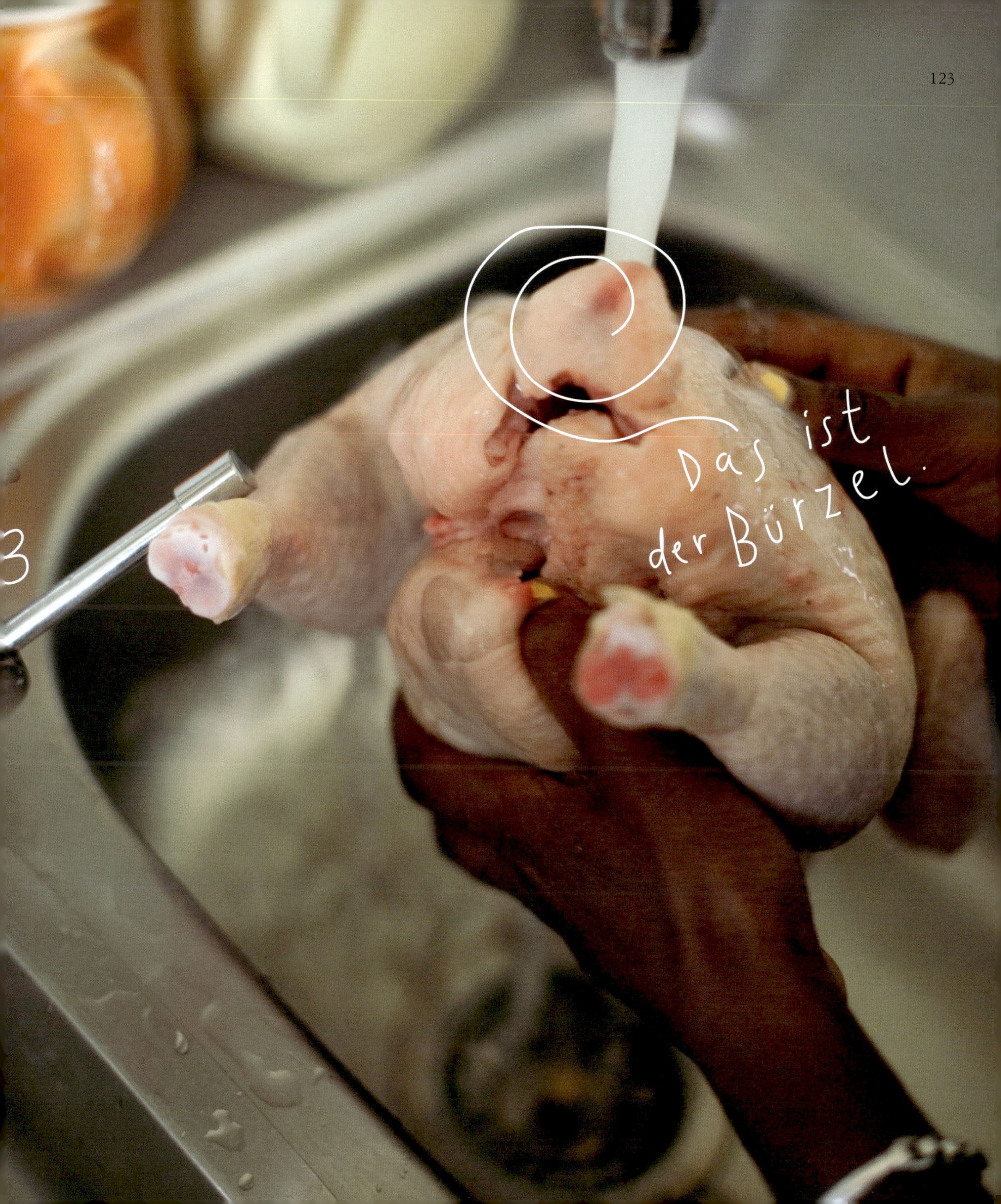
3
Das ist der Bürzel.

6

7

8

11

12

13

„Im Winter friere ich immer Hühnersuppe ein. Wenn ich mal erkältet bin, ist das die beste Medizin."

Jennifa, 14

Weiterkochen. Nicht den Deckel komplett auflegen, etwas von dem Dampf darf entweichen. Das Huhn muss mindestens 45 Minuten lang köcheln.

Gemüse schnippeln. Ein Bund Suppengrün besteht meist aus Möhren, Lauch, Sellerie und Petersilienwurzel. Alles gut waschen, schälen und in nicht zu kleine Würfel oder Scheiben schneiden (6–9). Die Gemüsestücke zur Suppe geben und mitkochen lassen. Die beiden zusätzlichen Möhren in ganz, ganz feine Scheiben schneiden und beiseitestellen.Die Petersilie waschen, fein hacken und ebenfalls beiseitestellen (10).

Fertigstellen. Sobald das Huhn weich ist (du kannst mal vorsichtig mit dem Messer hineinpiken), wird die Suppe durch ein Sieb in einen zweiten Topf umgefüllt. Das verkochte Gemüse (13) und das Huhn bleiben im Sieb. Das etwas abgekühlte Fleisch von den Knochen befreien (11–12) und in mundgerechte Stücke schneiden. Auf einem Teller beiseitelegen. Die Knochen kommen in den Abfall. Gemüse unbedingt probieren: Es schmeckt köstlich!

Abschmecken. Vor dem Servieren die Suppe noch einmal zusammen mit den fein geschnittenen Möhren und den Nudeln ein paar Minuten lang aufkochen. Fleisch dazugeben und gut abschmecken (14). Wer mag, streut sich über die fertige Suppe auf dem Teller noch etwas gehackte Petersilie (15).

Die Frikadellen

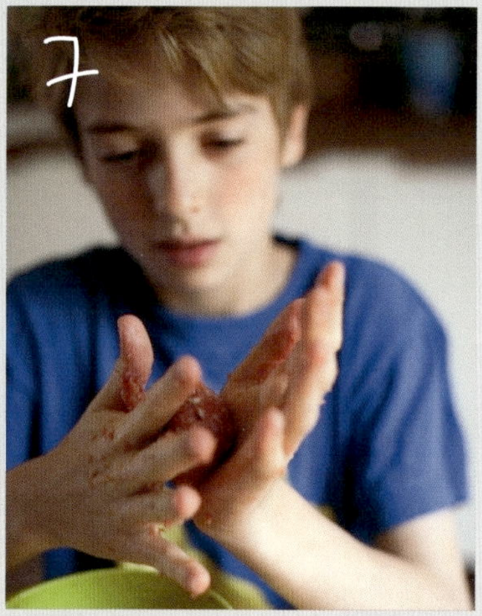

Das Werkzeug:
große Schüssel
scharfes Messer
Brettchen
Pfanne
Pfannenwender
Teller

Die Zutaten:
1 trockenes Brötchen
500 g Biohackfleisch
(Schwein, Rind oder Lamm)
1 Ei
1 Zwiebel
Pfeffer, Salz
Öl für die Pfanne

Vorbereiten. Brötchen in etwas warmem Wasser einweichen (1). Ein paar Minuten später das Restwasser abkippen, Brötchen ausdrücken. Je feuchter das Brötchen bleibt, desto weicher werden die Frikadellen! Zwiebeln schneiden, schälen, in feine Würfel schneiden (2).

Hackteig zubereiten. Hackfleisch in die Schüssel geben (3) und das Ei darüber (4). Beides mit sauberen Händen verkneten. Dann die Zwiebelwürfel und das Brötchen gleichmäßig untermischen. Anschließend salzen und pfeffern (5). Noch einmal gut durchkneten (6). Aus dem Hackteig etwa 25 kleine Bällchen rollen (7) und auf einen Teller legen.

Frikadellen braten. Öl in der Pfanne erhitzen (8), die Frikadellen darin rundum schön braun anbraten (9). Aufpassen, dass man selbst noch ein Bällchen abbekommt (10)!

„Die erste Frikadelle schneide ich nach dem Braten auf und gucke, ob sie innen nicht mehr rosa ist."
Arto, 12

Die Pommes frites

Das Werkzeug:
Gemüsebürste
Trockentuch
Schälmesser
scharfes Messer
Schneidebrett
Topf mit Wasser
Pinsel
Backblech

Die Zutaten:
8 mittelgroße festkochende Kartoffeln
Olivenöl
Meersalz (oder normales Salz)
Rosenpaprika

Vorheizen. 220 °C // Umluft 190 °C // Gas Stufe 3

Vorbereiten. Einen Topf mit Wasser bereitstellen. Kartoffeln unter fließendem Wasser sauber bürsten und anschließend mit dem Handtuch abtrocknen. Kartoffeln schälen (1–3) und ins Wasser legen (4), damit sie nicht braun werden. Anschließend in Schnitze schneiden, sodass sie wie superdicke Pommes frites aussehen (5, 6).

Einölen und backen. Kartoffelstücke aufs Backblech legen und von allen Seiten mit Olivenöl bepinseln. Salzen (7) und mit Paprika bestreuen (8). Ab mit dem Blech in den Ofen, nach 35–40 Minuten wieder rausholen (9). Die Schnitze sind fertig, wenn sie knusprig goldbraun aussehen (10).

Alternative: Kartoffeln durch Süßkartoffel-, Möhren- oder Kürbisstücke ersetzen. Parmesan drüberhobeln – hmmmmmm!

3

4

5

8

9

10

glutenfrei / vegan / 30 Minuten / / macht warm

Die Linsensuppe

Das Werkzeug:
Küchenwaage
scharfes Messer
Schneidebrett
Topf
Holzlöffel

Die Zutaten:
1 Zwiebel
1 EL Öl zum Braten
250 g rote Linsen
425 ml passierte Tomaten
1 l Gemüsebrühe
Salz, Pfeffer

Vorbereiten. Die Zwiebel in feine Würfel schneiden (1) und im Topf in etwas Öl (2) weich dünsten. Rühren nicht vergessen (3)!

Kochen. Die Linsen (4) und die passierten Tomaten (5) in den Topf schütten (6). Gemüsebrühewürfel (7) in heißem Wasser auflösen, Brühe in den Topfe geben. Alles aufkochen, Hitze reduzieren und 20 Minuten lang köcheln lassen (8). Abschmecken mit Salz und Pfeffer – fertig!

Das passt dazu: Zu dieser Suppe passt eine Menge, zum Beispiel frische Basilikumblättchen, saure Sahne, Curry, frischer Ingwer, Knoblauch oder Kokosmilch. Und: Brot, das schon einen Tag alt ist. In kleine Würfel schneiden und in der trockenen Pfanne rösten. Das nennt man Croûtons!

„Die Zutaten für diese Suppe haben wir eigentlich immer im Haus." Luzi, 15

Das Gratin

Das Werkzeug:
Schälmesser
scharfes Messer
Brettchen
Messbecher
Muskatnussreibe
ofenfeste Form
Schneebesen

Die Zutaten:
ca. 1 kg festkochende Kartoffeln
200 ml Sahne
200 ml Milch
1 TL Salz, etwas Pfeffer und Muskatnuss
Butter zum Fetten der Form

Vorheizen. 200 °C // Umluft 180 °C // Gas Stufe 3

Vorbereiten. Kartoffeln schälen (1) und in feine Scheiben schneiden (2). Sahne und Milch in den Messbecher füllen, Muskatnuss darüberreiben (3), salzen und pfeffern (4). Die Sahne mit den Gewürzen verquirlen (5).

Form füllen. Form mit ganz wenig Butter einfetten. Zuerst kommt eine Lage Kartoffeln hinein und etwas Sahnemischung darüber (6). Dann wieder eine Kartoffellage (7). Auf diese Weise immer weiterschichten, bis alle Zutaten verbraucht sind. Das Gratin in ca. 45 Minuten knusprig hellbraun backen (8).

Das passt dazu: Eine Handvoll Käse und/oder Mandelblättchen über die letzte Kartoffelschicht geben.

„Das mag ich gern
zum Abendessen."
Cem, 11

Der Kräuterquark

Das Werkzeug:
Küchenmesser
Schere oder Wiegemesser
Schneidebrett
2 Schüsseln
Gabel

Die Zutaten:
250 g Sahnequark
250 g Magerquark
2–3 EL Schmand
evtl. etwas Milch
Gemüse und Kräuter nach Wunsch
(z. B. Frühlingszwiebeln, Knoblauch, Radieschen,
Möhre, Schnittlauch, Petersilie)
Salz, Pfeffer

Schneiden und hacken. Das Gemüse deiner Wahl (1) in kleine Ringe, Würfel oder Scheiben schneiden (2). Die Kräuter hacken (3) und klein schneiden (4). (Wir haben dazu ein Wiegemesser benutzt, das klappt aber auch mit einem Küchenmesser oder einer Schere.) Gemüse und Kräuter zusammen in eine Schüssel geben (5).

Rühren und würzen. In einer zweiten Schüssel Quark und Schmand mit der Gabel mischen. Für eine cremigere Konsistenz noch etwas Milch unterrühren. Den Quark zu den gehackten Kräutern und dem Gemüse geben (6). Wenn du Knoblauch nimmst, zerreibe ihn mit etwas Salz, bevor du ihn dazugibst. Das geht mit einem Teelöffel auf dem Schneidebrett ganz wunderbar. Mit Salz und Pfeffer abschmecken (7). Alles vermischen (8).

Das passt dazu: die Pellkartoffeln von > Seite 94 oder einfach ein leckeres Brot!

„Im Quark mag ich auch scharfe Sachen: Radieschen zum Beispiel."

Sophia, 10

Das Omelett

Das Werkzeug:
Schüssel
Schneebesen
kleine beschichtete Pfanne
Holzlöffel
Pfannenwender

Die Zutaten für
ein großes Omelett für 2:
3 Eier
100 ml Sahne
1 EL Butter
Salz, Pfeffer
Schnittlauch

Vorbereiten. Eier, Sahne, Salz und Pfeffer gründlich in der Schüssel mit dem Schneebesen verrühren, salzen und pfeffern (1–5).

Backen. Die Butter in der Pfanne auf mittlerer Stufe erhitzen. Die Eiermischung dazugießen, sobald die Butter schäumt. (Unbedingt dabeibleiben, das geht nämlich schnell!) Die Eier in der Pfanne ein bisschen umrühren (6), damit die Flüssigkeit überall warm wird. Zähle langsam bis zehn dabei.

Stocken lassen. Das Omelett jetzt in Ruhe stocken lassen. Dazu die Pfanne am Griff nur ab und zu hin und her drehen, damit sich die Eierflüssigkeit gut verteilt und gleichmäßig fest wird. Sobald die Masse fast ganz fest ist, das Omelett mithilfe des Pfannenwenders aus der Pfanne auf einen Teller rutschen lassen. Und jetzt? Schnittlauch schneiden (7), drüberstreuen und mmmmmmh (8)!

„Die Eier hole ich bei meinen Großeltern aus dem Stall.
Wir haben sogar welche mit grüner Schale!" Lilli, 8

Der Milchreis

Das Werkzeug:
Küchenmesser
Topf mit Deckel
Wolldecke

Die Zutaten:
1 Tasse Rundkornreis
4 Tassen Milch
1 Vanilleschote
6 EL Zucker
1 Prise Salz

Vorbereiten. Auf den Topfboden den Zucker schütten und erst darauf den Reis geben (1, 2). (Dieser Trick soll das Anbrennen vermeiden – aufpassen musst du aber trotzdem!) Dann die Milch hinzugießen (3).

Vanille auskratzen. Vanilleschote der Länge nach aufschneiden und das Mark auskratzen (4, 5). Mark und Schote zusammen in den Topf geben. Alles aufkochen lassen. Achtung, jetzt nicht rühren (6, 7)!

Warten. Wenn die Milch heiß geworden ist, den Topf vom Herd nehmen, den Deckel aufsetzen und den Topf in die Wolldecke wickeln. Das solltest du dir unbedingt zeigen lassen! Eine Stunde warten, bis der Milchreis fertig ist (8). Mit Lebensmittelfarbe kannst du den fertigen Reis bunt einfärben (9, 10)!

Alternative: Mit Rundkornreis kannst du auch ein Risotto kochen: Nimm Reis nach Bedarf und die doppelte Menge Brühe. Brate Zwiebelwürfel in reichlich Olivenöl an. Rundkornreis rein und nach und nach die Gemüsebrühe zugeben. Immer so viel wie der Reis aufsaugt. Zum Schluss ein Schuss Sahne dazu und etwas Parmesan drüberhobeln – fertig!

„Milchreis ist mein absolutes Lieblingsessen."

Hanno, 8

Das Pflaumenmus

Superheiß!

Das Werkzeug:
großer Topf
Pinsel
Küchenmesser
mehrere ausgekochte Gläser
mit Schraubverschluss
Kochlöffel, Unterteller, Esslöffel

Die Zutaten:
etwas Butter
1 kg Pflaumen
6 EL Zucker
3-4 TL Zimt

Obst pflücken. Natürlich kann man Obst kaufen, aber Selberpflücken macht mehr Spaß (1, 2).

Vorbereiten. Einen großen Topf unten und an den Seiten mit Butter einpinseln. Alle Pflaumen halbieren und den Stein rausnehmen (3). Zimt und Zucker in ein Schraubglas füllen, Deckel fest verschließen und gut durchschütteln. Dann die entsteinten Pflaumen mit der aufgeschnittenen Seite nach unten in den Topf legen, darüber nun 1–2 EL Zimt-Zucker-Mischung (4). Nicht zu sehr süßen, das kann man später immer noch! Darüber ebenfalls wieder mit der aufgeschnittenen Seite nach unten die restlichen Pflaumen schichten. Den Topf stehen lassen, damit die Pflaumen Saft ziehen können.

Kochen. Anschließend den Topf auf mittlerer Flamme auf dem Herd „aufheizen“, dabei NICHT umrühren, dann die Hitze reduzieren und 2 bis 3 Stunden zugedeckt köcheln lassen. Die Dauer richtet sich nach der Menge der Pflaumen. Ab und zu testen, ob es angebrannt riecht. Das soll es natürlich nicht! Wenn die Pflaumen schön zerkocht sind, den Deckel abnehmen und die Temperatur etwas erhöhen, damit die Flüssigkeit entweichen kann. Sobald das Mus eingedickt ist, die Temperatur wieder reduzieren und erst jetzt mit dem Kochlöffel rühren (5).

In Gläser abfüllen. Wenn dir die Konsistenz des Muses „musig“ genug ist, dann das Mus sofort in heiß ausgespülte Gläser füllen (6, 7), diese fest verschließen (8) und vorsichtig (superheiß!) umdrehen, so ca. 15 min. stehen lassen (9), jetzt wieder umdrehen und ganz erkalten lassen.

„Wo man kostenlos Obst pflücken kann, steht auf der Seite mundraub.org“ Anne, 13

WIE werde ich Küchen-PROFI?

Mit den Tipps und Tricks ist das immer so eine Sache: Eigentlich sind sie ganz einfach. Aber wehe, man kennt sie nicht. Dann wird das Kochen gleich viel komplizierter, als es sein muss. Das kleine Küchen-Abc sorgt dafür, dass du weißt, wie dir bestimmte Arbeitsschritte besonders gut gelingen!

Aromatisieren

Mit Aroma ist immer ein besonderer Geschmack oder Duft gemeint. Beim Kochen mit Aromen geht es darum, leckere Sachen noch leckerer zu machen. Zucker ist dafür ein gutes Beispiel. Mit einem Gewürz gemischt, schmeckt er nicht länger nur süß, sondern nach mehr. Zum Beispiel nach blumig duftender Vanille. Versuch es mal: Nimm ein Glas, das sich fest verschließen lässt, damit das Aroma nicht entweichen kann. Füll Zucker hinein und steck die ausgekratzten Vanillestangen hinein, die du zum Beispiel für den Milchreis von > *Seite 138* brauchst. Diesen aromatisierten Zucker kannst du demnächst für alle süßen Gerichte und beim Kuchenbacken verwenden. Ist er aufgebraucht, kipp einfach neuen Zucker über die Stangen. Sie verströmen ihren Duft noch sehr lange.

Noch ein Rezept: Um Zitronenpfeffer herzustellen, schäle zwei Biozitronen ganz dünn (nur das Gelbe!). Häng sie in der Küche zum Trocknen auf. Dann ganz klein schneiden und zusammen mit den Pfefferkörnern in die Mühle stecken.

Backen

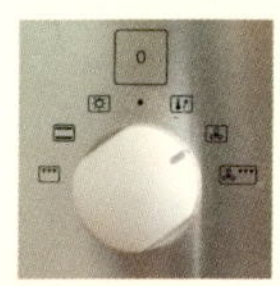

Wenn es um die Einstellung des Ofens geht, findest du in Rezepten meist mehrere Angaben. Da steht dann Unter- bzw. Oberhitze, Umluft oder Gas. Das sind die verschiedenen Möglichkeiten, mit den man backen kann. In einem Gasofen zu backen ist kompliziert, und leider sind die Ergebnisse nicht immer erfolgreich, weil sich die Hitze nicht immer gleichmäßig verteilt. Bei einem elektrischen Ofen stellt sich dagegen nur die Frage: Ober- bzw. Unterhitze oder Umluft? Meistens funktioniert beides gut. Nur beim Hefekuchen eignen sich Ober- und Unterhitze zwischen 180 und 200 Grad besser. Alle anderen Kuchen kannst du bei Umluft 160 bis 180 Grad backen.

Stichwort Vorheizen: Dabei geht es darum, die Backzeit präziser bestimmen zu können. Denn Backöfen werden nicht alle gleich schnell heiß. Ab welchem Zeitpunkt der Ofen vorgeheizt ist, kannst du meist an dem Lämpchen neben dem Drehkopf erkennen: Sobald die angestrebte Temperatur im Ofen erreicht ist, geht es aus.

Backform vorbereiten

Damit sich der Kuchen nach dem Backen leicht aus der Form löst, bereitet man die Form zunächst vor. Pinsle erst die Innenseite mit etwas Butter oder Margarine sorgfältig ein. Gib dann 1-2 EL Mehl hinein und verteile es, indem du die Form drehst. Zusätzlich kannst du auch noch gegen den Rand oder Boden klopfen, damit sich das Mehl besser in der Form bewegt. Alles gut bedeckt, aber noch ein bisschen Mehl in der Form? In den Abfall damit.

Braten

Etwas schnell und möglichst wasserfrei in heißem Fett garen, das nennt man braten. Als Bratfett kommen Butter, Öl oder Butterschmalz in Frage.

--- **Butter** schmeckt besonders gut, verbrennt aber leicht. Gib sie deshalb in die kalte Pfanne und erhitze sie langsam. Beweg dabei die Pfanne, damit sich die Butter gleichmäßig auf dem Boden verteilt. Sobald sie schäumt, füg die zu bratenden Zutaten hinzu.

--- **Öl und Butterschmalz** eignen sich besser als Butter, weil beides nicht so schnell anfängt zu rauchen. Das Fett ist heiß genug zum Braten, sobald es in der Pfanne kleine Wellen schlägt.

Dünsten

Beim Dünsten geht es darum, die Zutaten mit möglichst wenig Flüssigkeit oder Fett zu garen, ohne sie zu bräunen. Diese Gartechnik ist besonders vitamin- und nährstoffschonend. Und lecker obendrein: Denn je weniger Wasser zugefügt wurde, desto intensiver bleibt der Eigengeschmack der Lebensmittel.

Geeignet ist diese Methode besonders für wasserreiche Lebensmittel wie Gemüse, Obst und Fisch. Gedünstet wird immer bei geschlossenem Deckel und bei einer Temperatur, die den Topfinhalt gerade beim Köcheln hält.

Deckel auf den Topf

Zum Kochen mit Deckel gibt es erstaunlich viele Regeln. Für den Anfang genügt es jedoch, wenn du dir die beiden wichtigsten merkst:

--- Beim Kochen den Deckel so selten wie möglich anheben, weil die Hitze verloren geht.

--- Bei Dingen, die leicht überkochen, Nudeln zum Beispiel, einen Kochlöffel zwischen Topf und Deckel klemmen. Dann bist du auf der sicheren Seite.

Einfrieren

Einfrieren hat nur ein Ziel: den Alterungsprozess von Lebensmitteln zu verlangsamen. Ganz aufhalten lässt er sich dadurch aber nicht. Kleb deshalb vor dem Einfrieren auf das Gefriergut einen Sticker mit dem Einfrierdatum. So kannst du zielsicher immer die ältesten Dinge zuerst verbrauchen.

Wichtig: Auf- oder Angetautes darf nicht wieder eingefroren werden. Ausnahme: Es wird vorher noch einmal richtig gekocht, um die neuen Bakterien damit abzutöten.

Eierstempel lesen

Wenn du sicher sein möchtest, dass das Ei auch aus der Haltungsform stammt, die auf dem Eierkarton angegeben ist, wirf einen Blick auf die erste und wichtigste Ziffer des Stempels. Dort findest du nämlich Auskunft über die Art der Haltung. Mit dieser Zahl hast du es in der Hand, Eier von glücklichen Hühnern zu kaufen:

0 = Ökologische Haltung (Bio-Ei)
1 = Freilandhaltung
2 = Bodenhaltung
3 = Käfighaltung (Legebatterie)

Eigelb und Eiweiß tennen

Stell zwei kleine Schüsseln bereit. Schlag das Ei nicht auf einer Kante, sondern auf der Tischplatte auf. Keine Sorge, da läuft nichts aus. Der Vorteil ist, dass sich dabei keine Kante nach innen ins Ei bohrt, die du hinterher wieder aus dem Eiklar fischen musst.

Nimm anschließend das Ei in beide Hände und zieh es über einer der beiden Schüsseln vorsichtig an der Bruchstelle mit den Daumen auseinander. Das Eiweiß lässt du dabei in die Schale fließen, während du das Eigelb in einer der beiden Eierschalen auffängst. Dann gießt du vorsichtig das Eigelb einige Male von einer Schalenhälfte in die andere und lässt dabei das restliche Eiweiß weiter in die Schüssel tropfen. Fertig? Dann das Eigelb in die zweite Schüssel plumpsen lassen.

Eischnee schlagen

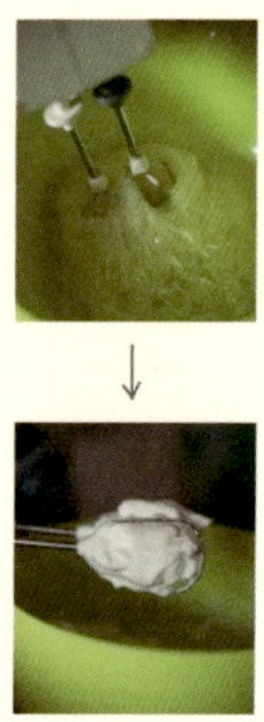

Ein bisschen Eigelb ist ins Eiklar getropft? Halb so wild! Es stimmt nämlich nicht, dass es sich dann nicht mehr steif schlagen lässt. Gleiches gilt, wenn die Schüssel ein bisschen fettig ist. Auch dann klappt's. Probier's aus! Vermeide es, mit dem Schneebesen gegen die Schüssel zu schlagen, damit der Eischnee nicht zusammenfällt.

Garen

Wenn Nahrungsmittel durch die Zufuhr von Wärme so verändert werden, dass sie anschließend genießbar oder länger haltbar sind, nennt man das Garen. Dabei ist natürlich wieder jede Menge Chemie im Spiel: Das Erhitzen bewirkt, dass die Lebensmittel lockerer werden, Eiweiß gerinnt und sich Stärketeilchen verkleistern.

Wenn man wissen will, ob die leckeren Dinge im Topf oder Ofen schon gar sind, kann man einen Test machen:

--- **Obst und Gemüse** Mit einem Messer oder einer Gabel vorsichtig hineinstechen. Gelingt der Einstich leicht, kann man die Garzeit beenden (Topf vom Herd nehmen, Wasser abgießen, Gargut im Sieb auffangen). Lässt sich die Gabel nur schwer einstechen, muss das Gargut noch einige Minuten länger kochen. Anschließend die Garprobe wiederholen!

--- **Kuchen** Hier nimmt man statt einer Gabel ein Holzstäbchen, zum Beispiel einen Zahnstocher. Bleibt kein Teig mehr daran hängen, ist der Kuchen fertig.

Karamellisieren

Wird trockener Zucker stark erhitzt, verflüssigt er sich. Das nennt man Karamellisieren. Während sich der flüssige Zucker langsam verfärbt, entwickelt er sein nussiges Karamellbonbonaroma *(> Seite 74)*. Man kann damit aber auch Obst überziehen *(Apfelmus > Seite 106)*. Dazu den Zucker in einem breiten Topf erhitzen und unter ständigem Rühren flüssig und braun werden lassen. Zum Rühren eignet sich am besten ein Holzlöffel. Aber Vorsicht! Der flüssige Zucker ist extrem heiß und kann zu Verbrennungen führen! Lass dir dabei unbedingt helfen!

Kreuzkontamination

Schwieriges Wort – wichtige Sache: Wenn du mit rohem Fleisch oder Fisch gearbeitet hast, gelangen Bakterien auf Brettchen und Messer, die auf keinen Fall mit anderen Speisen in Berührung kommen sollten. (Tun sie es doch, nennt man das Kreuzkontamination.) Deshalb: Brettchen und Messer immer sofort nach Gebrauch gründlich mit heißem Wasser und Spülmittel abwaschen.

M

Mahlen

Eine Pfeffermühle *(Werkzeug > Seite 55)* gehört in jede Küche. Wusstest du, dass manche Mühlen feinen Pfeffer erzeugen, wenn man sie im Uhrzeigersinn dreht? Und groben, wenn man in die andere Richtung dreht?

Marmeladenprobe

Während des Einkochens der Marmelade nimmt man etwa 1/2 TL Fruchtmus aus dem Topf und gibt es auf einen kalten Teller. Noch flüssig nach dem Abkühlen? Dann muss weiter eingekocht werden. Erst wenn das Fruchtmus nach dem Abkühlen nicht mehr fließt, sondern ein fester Brei wird, ist die Marmelade fertig.

Möhren schälen

Möhren *(Rezepte > Seiten 82–85)* sind schnell geschält, wenn man das Wurzelende abschneidet und die Möhre dann schräg über das Schneidebrett hält. Setz dabei die Spitze auf, damit die Möhre beim Schälen stabil bleibt. Mit einem Pendelschäler *(Werkzeug > Seite 55)* kannst du dann mit schnellen Auf- und Abbewegungen lange Streifen abschaben. Anfangs ist es allerdings manchmal leichter, sich zunächst für eine Richtung zu entscheiden: vom Körper weg oder auf ihn zu. Probier aus, was dir besser von der Hand geht! Wenn du dich dann sicher fühlst, kannst du das Auf und Ab üben, um noch schneller zu werden.

Mörser und Reibschalen

Mörser sind robuste, dickwandige Schalen mit glatten Wänden aus Holz, Porzellan, Keramik oder Steingut. Der Stab zum Zerkleinern heißt Stößel und ist meistens aus demselben Material. Mit einem Mörser werden Gewürze und Pflanzenteile zerkleinert. Reibschalen haben im Gegensatz zum Mörser raue Wände. Auf dem Bild links ist ein japanischer Suribachi aus Keramik zu sehen. Er unterscheidet sich von anderen Mörsern dadurch, dass in ihm Kerben eingearbeitet sind. Darin lassen sich zum Beispiel Sesamsamen gemeinsam mit Salz besonders leicht zerreiben. Diese Sesam-Salz-Mischung heißt bei den Japanern Gomasio. Wenn man Sesam mag, schmeckt Gomasio großartig zu Gemüsegerichten oder über einem grünen Salat.

Passieren

Wenn man Flüssigkeiten oder Soßen durch ein Sieb streicht oder durch ein Tuch presst, nennt man das Passieren. Das macht man, damit alle festen Bestandteile im Sieb oder im Tuch hängen bleiben und nicht in der Soße landen, etwa Tomatenkerne bei Nudelsoße.

Pürieren

Dazu nimmt man am besten einen Pürier- oder Mixstab, wenn man relativ flüssige Gerichte wie Suppen oder Soßen fein und sämig pürieren will *(> Seiten 32, 82, 92)*. Möchtest du aus Gemüse oder Kartoffeln eher eine Art Brei erhalten, ist ein Kartoffelstampfer das bessere Werkzeug *(> Seite 55)*.

Probieren

Kochen und zwischendurch Probieren gehören zusammen. Damit du aber nicht immer wieder einen neuen Löffeln nehmen und anschließend unnötig viel spülen musst, stell dir eine Untertasse bereit, auf der du deinen Probierlöffel zwischenzeitlich parkst, sodass du ihn immer gleich zur Hand hast.

Rösten

Rösten, ursprünglich „auf dem Rost braten", bedeutet heute das trockene, fettlose Erhitzen von pflanzlichen Lebensmitteln. Dabei wird ihnen Feuchtigkeit entzogen, was ihren Geschmack verändert oder sie je nach Röstungsgrad dunkler färbt. Toastbrot hast du bestimmt schon geröstet *(> Seite 71)*, probier es aber auch mal mit Kernen und Samen aus: Röste sie am besten in einer beschichteten Pfanne ohne Fettzugabe. Vorsichtig dabei umrühren bis sie goldgelb sind, und anschließend auf einem Teller erkalten lassen. Grandios im Salat!

Rühren

Beim Kochen wird ständig gerührt. Profis stellen sich dabei eine 8 vor, die sie mit dem Löffel oder Schneebesen in den Topf zeichnen. Warum? Weil sich die Zutaten auf diese Weise gleichmäßiger vermischen. Mach den Test mit Quark und Marmelade: Rühr einmal im Kreis herum und einmal stehende und liegende Achten wie auf dem Bild links. Und? Siehst du einen Unterschied?

Schokolade schmelzen

Natürlich kann man Schokolade einfach lange genug in der Hand halten, um sie zum Schmelzen zu bringen. Profis machen das jedoch im Wasserbad. Das brauchst du:

--- großen Topf

--- Wasser

--- kleinen Topf (oder Metallschüssel), den man in den großen Topf hängen kann.

So geht's: Im großen Topf etwas Wasser erhitzen. Den kleinen Topf oder die Metallschüssel in den großen Topf hängen. (Wichtig dabei: Die kleine Schüssel darf dabei nicht das Wasser berühren, sondern nur von Dampf umgeben sein. Sonst wird es der Schokolade zu heiß, und sie wird nicht zur cremigen Soße, sondern zum klumpigen Brei!) Schokolade in kleine Stücke brechen und in die kleine Schüssel geben (Achtung: Es darf kein Wasser an die Schokolade gelangen, sonst erstarrt sie!). In vielen Rezepten kommt jetzt noch etwas Butter dazu. Schmelzen lassen, dabei sanft (!) rühren. Sobald die Schokolade geschmolzen ist, kann sie weiterverarbeitet werden.

Sicherheit in der Küche

--- **Gemüse schneiden** Beim Kleinschneiden mit einem scharfen Messer sind deine Finger ständig in Gefahr, wenn du nicht gut aufpasst. Mach es deshalb wie ein Koch: Als Rechtshänder hältst du das Gemüse mit der linken Hand fest und rollst dabei die Finger etwas ein. Die Fingerknöchel der linken Hand drücken dabei leicht gegen den Messerrücken, um die Breite der Scheiben oder die Dicke der Würfel zu regulieren. Als Linkshänder machst du es genau umgekehrt, du hältst das Gemüse in deiner rechten Hand und rollst die Fingerkuppen dabei etwas nach innen ein.

--- **Pfannen- und Topfstiele** niemals über den Herdrand stehen lassen: Man bleibt daran hängen und reißt das heiße Kochgut runter – dabei kann man sich übel verbrennen! Achte daher darauf, dass die Griffe niemals über den Herdrand ragen.

--- **Messer** immer gleich wieder an den richtigen Platz räumen. Der ungünstigste Platz für sie ist im Spülwasser oder unter Geschirrbergen in der Spüle. Man kann versehentlich in die Schneide greifen!

--- **Messergriffe** müssen sauber und fettfrei sein, damit sie nicht aus der Hand rutschen können.

Timen

Vor allem beim Backen braucht man eine Uhr, die man so stellt, wie es im Rezept angegeben ist. Besser nicht vergessen, denn auch wenn man denkt, man habe die Zeit im Gefühl, kann man sie leicht vergessen. Schade, wenn der Kuchen dann doch zu dunkel (oder die Frühstückseier zu hart) geworden ist.

Tomaten häuten

Für eine Tomatensoße *(> Seite 102)* müssen frische Tomaten gehäutet werden.

Das brauchst du:
--- Tomatenmesser
--- Topf
--- Wasserkocher
--- Wasser

So geht's: Schneide in die Tomaten mit einem Tomatenmesser ein Kreuz und lege sie in einen Topf. Koche einen knappen Liter Wasser im Wasserkocher auf und gieße das kochende Wasser über die Tomaten. Zähle bis 30, schütte das Wasser anschließend ab und lass die Tomaten etwas abkühlen. Dann kannst du mit dem Messer die Haut ganz leicht abziehen.

Zwiebeln schneiden

Kleine, gleichmäßige Zwiebelwürfel zu schneiden ist gar nicht so schwer. Wichtig: Das Messer muss scharf sein. Die geschälte Zwiebel halbieren und mit der Schnittfläche auf ein Brett legen. Dann in Längsrichtung in nicht zu feine Scheiben schneiden. Dabei die Zwiebel mit Daumen und Zeigefinger zusammenhalten. Danach in Querrichtung so fein wie gewünscht schneiden. Dabei zerfällt die Zwiebel von selbst in Würfel.

Gegen tränende Augen beim Zwiebelschneiden gibt es viele Tipps. Du kannst sie alle ausprobieren, um herauszufinden, welcher bei dir am besten hilft:
--- Taucherbrille aufsetzen.
--- Zwiebeln nach dem Schälen und vor dem Schneiden mit kaltem Wasser abwaschen.
--- Zwiebeln im Kühlschrank lagern und sie kalt schneiden.
--- Vor dem Schneiden einen Schluck Wasser in den Mund nehmen, erst runterschlucken, wenn du mit dem Schneiden fertig bist.
--- Statt durch die Nase durch den Mund ein- und ausatmen.

Danke! Danke! Danke!

Warum sagt man eigentlich: „Viele Köche verderben den Brei"?
Bei einem Buch, in dem es ums Kochen geht, trifft das Gegenteil zu, interessant und gut wird es dadurch, dass viele interessante und gute Leute ihren Senf dazugeben. Deshalb *** (mehr Sterne gibt es für Köche leider nicht) und ein Riesendankeschön an ...

... Tula, Marie Fee, Noemi, Rana, Kjell, Levin, Jennifa, Arto, Siri, Luzy, Cem, Lilli, Paul und Hanno fürs unermüdliche Schnippeln, Rühren, Brutzeln und Braten – ihr wart das Salz in der Kochbuch-Suppe!,
... alle Familien, die uns ihre Küche geliehen, die Rezepte ausprobiert, nachgekocht und mit Kritik bereichert haben,
... Thekla Ehling für die großartig fotografierten Rezepte,
... Petra Stockhausen für wunderbare Bilder aus dem Küchenlabor, obwohl eigentlich gar keine Zeit dafür war,
... Kathrin Sebastian für klugen Rezepterat und tatkräftige Unterstützung,
... Christine Brasch fürs Würzen von Wörtern und Sätzen,
... Anne Lachmuth für genaues Hinschauen und gepfefferte Anmerkungen,
... Lisa Schweizer, Anna-Lena Schiller und Florian Bayer für ihre Augen und Ohren bei grafischen Fragen,
... Gesine Grotrian-Steinweg für die große grafische Unterstützung beim „Was koche ich heute"-Kapitel,
... Beatrice Wallis für Vertrauen, Geduld und fürs Finden unausgegorener Stellen,
... Susanne Koppe einmal mehr für Zahlen und §§§,
... Elisabeth Trippe für unzählige Mittagessen und die besten Apfelpfannkuchen der Welt, die über alles hinwegtrösten konnten,
... Horst und Christa Trippe für Schnecken mit Knoblauch, Fisch mit Senf und Ketchup und viele, viele andere Experimente, die Anke als Kind schon so viel Lust aufs Essen gemacht haben,
... an Bärbel Maiwurm und Bernd Rienermann für unglaubliche Nudelsoßen und dafür, dass ihr Lisa ganz früh gezeigt habt, dass auch grünes Gemüse lecker ist,
... Freerk Heinz dafür, schwierige chemische Zusammenhänge auf den Punkt zu bringen, für Post-Foto-Resteverwertung und für all die unzähligen Essen – ohne die Lisa buchstäblich verhungert wäre.

Impressum

www.beltz.de

in der Verlagsgruppe Beltz
Weinheim · Basel
Werderstraße 10, 69469 Weinheim

Neue Rechtschreibung
Druck und Bindung:
Beltz Grafische Betriebe, Bad Langensalza
Printed in Germany
ISBN: 978-3-407-75858-3
1 2 3 4 5 25 24 23 22 21

Text, Konzept und Idee:
© ANKE M. LEITZGEN
www.anke-m-leitzgen.de

Art Direction, Illustration, Fotografie:
© LISA RIENERMANN
www.lisarienermann.com

vermittelt durch die Agentur
SUSANNE KOPPE, Hamburg
www.auserlesen-ausgezeichnet.de

Nominiert für den Deutschen
Jugendliteraturpreis 2013

Quellen

Saisonales Obst und Gemüse:
> *verbraucherfuersklima.de*
Sortenvielfalt:
> *brot-fuer-die-welt.de*
> *bmu.de*
Überfischung:
> *greenpeace.de/themen/meere/fischerei*
> *wwf.de/themen/meere-kuesten*
> *fischinfo.de*
Zucker:
Inhaltsangaben der Hersteller
> *das-ist-drin.de*
Verstecktes Wasser:
> *virtuelles-wasser.de*
Lebensmittelverschwendung:
> *culinarymisfits.de*
> *taste-the-waste.de*

Bildnachweis

Alle Bilder © Lisa Rienermann
außer:
Seite 66–75 > Petra Stockhausen;
www.petrastockhausen.de
Seiten 69, 100–141 > Thekla Ehling;
www.thekla-ehling.de
S. 151 > Eieruhr > Wikimedia Hustvedt

Und was schmeckt euch?

Am Tisch mit Anke M. Leitzgen und Lisa Rienermann:

Dein Lieblingsessen?
Lisa: Alles mit Ziegenkäse. Anke: Suppen jeder Art.

Dein Lieblingsessen als 9-Jährige?
Lisa: Grießbrei mit Himbeersoße (von meiner Oma gekocht).
Anke: Apfelpfannkuchen und Milchreis.
Beides mit Zimt und Zucker.

Ein wichtiges Essenserlebnis aus deiner Kindheit?
Lisa: Als 7-Jährige fand ich heraus, dass in meiner liebsten Spaghettisoße nicht nur Möhren, sondern auch Rote Beten und Sellerie waren. Was ich bis zu dem Zeitpunkt so gar nicht mochte. Danach dann aber schon.
Anke: Als Kind dachte ich: „Kochen ist zu schwer, das können nur Große." Das änderte sich aber schlagartig im dritten Schuljahr, als meine Freundin Liane meinte: „Ich koche Nudeln für uns!" Dazu gab's Ketchup statt Soße. Und weil niemals zuvor ein Essen so gut geschmeckt hatte wie dieses, war klar: Nichts ist so lecker wie das, was man selber kocht.

Was mochtest du als Kind überhaupt nicht?
Lisa: Rosenkohl und Auberginen.
Anke: Leber und den Geruch von Bier.

Und magst du es heute?
Lisa: Rosenkohl nur, wenn es sein muss, Auberginen mag ich sogar supergerne.
Anke: Nein, gar nicht!

Deine neueste Kochentdeckung?
Lisa: Dass selbst gemachter Vanillepudding so einfach und sooo lecker ist. *(Seite > 96)*
Anke: Im Sommer ist ein gefrorener Olivenölwürfel in einer kalten Gemüsesuppe mit Zitronenpfeffer ein Erlebnis!

Noch mehr ERLEBEN:

Gebunden, 160 Seiten
978-3-407-76185-9

„Ein wunderbares Buch, es regt die Fantasie an, macht Lust, die gebaute Umwelt zu erleben, und sprüht vor Ideen und Anleitungen, diese auch umzusetzen." Deutschlandradio

„Das Buch von Anke M. Leitzgen und Lisa Rienermann ist ein Ideenschatz." Kölner Stadt-Anzeiger

Geheftet, 64 Seiten
978-3-407-82209-3

Ein Workbook, das Kinder zum Entdecken der Welt vor der Haustür einlädt: mit zahlreichen Suchaufgaben, Foto-Sammelideen, abenteuerlichen Touren durch die Stadt, witzigen Herausforderungen für Stadtforscher, Streetart-Rezepten.

„(…) für alle, die ein bisschen mehr Farbe in ihren Ort bringen möchten." DIE ZEIT

Gebunden, 160 Seiten
978-3-407-75879-8

„Auf dem Markt gibt es unzählige Kinder-Forscherbücher. Dies ist ein besonderes (…). Erfrischend und erhellend ist dabei, dass nicht nur „klassische“ Methoden genannt werden, sondern, dass zum Forschen auch durchhalten, nachdenken, rumspinnen und zweifeln gehören.“
Die Grundschulzeitschrift

Nominiert für den Deutschen Jugendliteraturpreis 2012

Gebunden, 160 Seiten
978-3-407-82130-0

„Wer sich von seinen Kindern im Urlaub etwas kompetent erklären lassen und eigene Bildungslücken unauffällig schließen will, sollte hier zugreifen …“ stiftunglesen.de

„Gute Ideen, klasse Bilder, jede Menge Anregungen. Tolles Buch!“ Der Tagesspiegel

Umwelt-Buchtipp des Monats
Nominiert für das Wissensbuch 2016

www.beltz.de BELTZ & Gelberg